LUISA FRANCIA

Der weibliche Weg zur wilden Kraft

Luisa Francia

Der weibliche Weg zur wilden Kraft

nymphenburger

Inhalt

Willkommen

2019 ist ein erfreuliches Jahr für mich: Seit siebzig Jahren bin ich auf der Welt, seit vierzig Jahren schreibe ich Bücher. 1979 kam das erste Buch, »Hexentarot«, handgemacht, im Selbstverlag heraus. Alle Tarotdeutungen damals waren mir zu moralisch, zu dogmatisch und irgendwie fremd, also schrieb ich ein Tarot-Tagebuch, das zuerst meine Freundinnen kopiert haben wollten, bis ich es schließlich druckte, weil das am Ende billiger war. Ich verkaufte es persönlich an Buchhandlungen und einzelne KäuferInnen, die Erstauflage von 500 Stück musste ich schon ein halbes Jahr später nachdrucken. Insgesamt gab es wohl drei Auflagen im Selbstverlag, ich verkaufte rund 10 000 Stück und da ich den Vertrieb nicht wirklich beherrschte, wurde wahrscheinlich nur die Hälfte der Bücher bezahlt, was mir aber egal war. Anfang der Achtzigerjahre gab ich das Buch an den kleinen Verlag Stechapfel ab, es wurde zu meinem größten Erfolg. Danach veröffentlichte ich viele Bücher im Verlag Frauenoffensive – »Mond Tanz Magie« und »Der Rest deines Lebens beginnt jetzt« wurden Bestseller –, bis der Verlag 2015 leider eingestellt wurde. Im Jahr 1999 begann ich auch bei nymphenburger zu veröffentlichen, dem Verlag, bei dem ich jetzt 20 Jahre bin.

Seit 1979, also seit 40 Jahren, mache ich spirituelle und magische Arbeit mit Frauen. Workshops, Seminare, Lesungen, Konferenzen, alles drehte sich in meinem Leben um die weibliche Kraft, die Wahrnehmung aller Wirklichkeitsebenen, vor allem der unsichtbaren Welt, um die Kommunikation mit Pflanzen, Tieren, ja, auch mit Menschen natürlich. Was Magie genannt wird, ist für mich die natürliche Lebensweise, alle Lebewesen und alle Geistwesen zu respektieren, ihre Weisheit anzunehmen, und auch das zu ehren, was wir nicht wissen können.
1999 fing ich an, ein Internet-Tagebuch zu führen. Allein wäre ich nicht auf die Idee gekommen. Andy Strempel, ein enger Freund

meiner Tochter, der mir schon den ersten Laptop besorgt hatte, richtete mir in weiser Voraussicht meine Internet-Seite »salamandra« ein, und er hatte recht: Die Kommunikation mit meinen Leserinnen wurde müheloser und billiger. Ich hatte wahrscheinlich eins der ersten Tagebücher im Netz. Heute ist das keine Besonderheit mehr, doch vor zwanzig Jahren war so eine Website geradezu revolutionär.

Anfang 2009 entdeckte ich im Alentejo in Portugal die Ruine eines kleinen Gehöfts, am Rand eines verschlafenen Dorfes. Ich konnte sie unvorstellbar günstig, für den Preis eines gebrauchten Mittelklasse-

wagens, kaufen und renovieren – sie wurde zu meinem Göttinnenhaus. Meine Sammlung von Frauen- und Göttinnenfiguren begann mit einer Stammesmutter aus Ghana, die mir Margarethe von Trotta schenkte, als wir zusammen eine Reise dorthin unternahmen, wo wir unsere Filme an der Filmhochschule in Accra zeigten.
Die Sammlung wuchs, überall fand ich die erstaunlichsten Darstellungen von Frauen. Das inspirierte und bereicherte mich. Bald hatte ich – in Ambach, wo ich lange Zeit lebte – ein Göttinnenzimmer, und als ich wieder in die Stadt zog, auch in meiner Münchner Wohnung.
2009 war es so weit. Ich kaufte einen uralten VW-Bus für 1400 Euro, packte alle meine Figuren, alle ethnologischen Schmuckstücke, alle Stoffe, Schreine und Vitrinen ein und fuhr nach Portugal.

Die Reise schaffte der alte Bus ohne Probleme, in Portugal brach er dann zusammen.

In einem Interview fragte mich eine junge Frau, was der Unterschied zwischen Hexen heute und Hexen im Mittelalter sei, und mir wurde wieder bewusst, wie zwiespältig und irreführend dieser Begriff ist. Im Mittelalter wurden Frauen von der Kirche als Hexen gebrandmarkt, und es ging dabei nicht um Magie, sondern darum, sie aus dem Weg zu räumen, entweder weil sie reich und unabhängig waren und die Kirche ihr Vermögen beschlagnahmen wollte, oder weil sie Heilerinnen, Hebammen, Kräuterfrauen waren und als Zauberinnen denunziert wurden. Die neue Hexenbewegung, die ich in den Achtzigerjahren mitbegründet habe, benutzte den »Hexen«begriff als Provokation und als Ausdruck der Solidarität mit den während der Inquisition ermordeten Frauen. Mir ist heute der Begriff »Zauberin« näher, weil in ihm etwas Zauberhaftes, Wundervolles steckt.

Natürlich gibt es Frauen, die heute zum Beispiel »Schadenszauber« anbieten. Für mich gehört das in die Kategorie der »Produkte«, die unwirksam sind, aber viel Geld einbringen. Es geht nicht darum, mit »Abrakadabra« Hindernisse aus dem Weg zu räumen und mit falschen Versprechen gerade Frauen an der Nase herumzuführen. Im Leben einer Zauberin sind Achtsamkeit, Respekt und liebevolle Verbindungen zu Pflanzen, Tieren und Menschen die alles entscheidenden Kräfte.

Wege und Wegweiserinnen

Wege und Wegkreuzungen sind essenzielle Orte, aber auch Werte in fast allen spirituellen Kulturen, in Märchen, Mythen und Erfolgsgeschichten. In einer Wohngemeinschaft, in der ich in den Achtzigerjahren lebte, hing ein Plakat, das einen steinigen schweren Weg und einen leichten, genussvollen Weg zeigte und sinngemäß verlangte, den leichten zu meiden, weil er oberflächlich und wertlos ist. Der »rechte Weg« muss unbequem, voller Hindernisse und mühsam sein. Was breit, lustvoll und schön ist, kann nicht auch gleichzeitig noch gut sein. Ich weiß heute nicht mehr, ob es ein kommunistisches oder ein christliches Plakat war. Spirituelle und religiöse Eiferer, aber auch politische IdealistInnen begegnen Menschen, die sich das Leben leicht machen, mit Misstrauen. Wenn etwas leicht ist, kann's doch nicht gut sein! Die moralische Bewertung des Leicht-Sinns ist tief in uns verankert. »I'm a deeply superficial person«, erklärte klug und verschmitzt Andy Warhol. Ob schwer oder leicht – der Weg wird eigentlich immer als lineare Energie beschrieben. Man beginnt den Weg, strengt sich an, erreicht etwas – oder nicht – und gelangt am Ziel an, strebt vielleicht noch weiter.

»Mütterchen Weg« nennen ostsibirische SchamanInnen den Weg der Trommel und der Magie. »Komm nicht vom rechten Weg ab«, warnt die Mutter Rotkäppchen. Doch was wäre, wenn Rotkäppchen jeden Weg gehen könnte und auf jedem Weg etwas anderes finden würde; was wäre, wenn alle Ziele auf allen Wegen zu erreichen wären?
»Der Weg ist das Ziel«, sagen die Mystiker, also bemühen wir uns, den Weg wichtig zu nehmen und das Wahre zu entdecken. Wenn der Weg das Ziel ist, das haben wir begriffen, dann kann auf diesem Weg alles geschehen, und wir müssen aufpassen, dass wir das Beste nicht verpassen.
Was aber, wenn es kein Ziel gibt? Was, wenn jeder Weg der rechte ist, wenn es einfach an uns liegt, Werte zu entdecken, zu schaffen

und ein Weilchen so zu laufen, als gäbe es einen Weg? »Wenn du gehst, geh, als seist du schon angekommen«, sagt Hadjara, eine afrikanische Mystikerin, die ich einmal kennenlernte, »denn wo du bist, ist alles was du brauchst. Und wenn du einer Sache hinterher rennst, kann es durchaus sein, dass du in Wirklichkeit von ihr gejagt wirst.« Was ist, wenn der Weg ein Labyrinth, ein Geflecht, ein Spinnennetz ist?

»Sie kamen an eine Wegkreuzung. Die drei Brüder wussten nun nicht, in welche Richtung sie gehen sollten. So ging der Älteste nach Norden, der Mittlere nach Osten und der Jüngste nach Süden.«
Jeder ging also seinen Weg. Vielleicht hätten sie das Gleiche erlebt, wenn sie einfach geblieben wären, denn der Jüngste war der Sohn

des Südens, der Mittlere der Sohn des Ostens und der Älteste der Sohn des Nordens, und wo immer sie hingehen mochten – ihren Ursprung würden sie immer mit sich tragen. Und jeder der drei Brüder kam schließlich im Haus der Baba Jaga an.
Was, wenn der Weg eine Illusion wäre, also die feige Version der Vision? Wenn diese Illusion zu einem illusionären Ziel führen würde, das vorgibt, ein Wert zu sein, aber in Wirklichkeit nur die Vollendung eines Selbstbetrugs ist?

»Ich suche meinen Weg«, sagen viele Frauen, denen ich begegne. Das würde allerdings bedeuten, dass sie zu dem Zeitpunkt, an dem sie einen Weg suchen, keinen Weg gehen. Dabei ist es doch so, dass alle Menschen, auch ohne sich bewusst zu entscheiden, stillschweigend einen Weg eingeschlagen haben, der nicht selten ein Weg der Unterlassungen, des Nicht-Handelns und Ausweichens ist. Als Weg wird diese Energie dann oft erst erkannt, wenn es dabei zu Komplikationen kommt, wenn spektakuläre Entscheidungen, Trennungen oder Veränderungen daraus resultieren.
Die Wiederholung von Gewohnheiten prägt und verrät uns. Erst die Wiederholung machte Marilyn Monroe zur unsterblichen Ikone. Andy Warhol erkannte die Macht der Wiederholung. Viele seiner Werke zeigen ein Motiv in vielen Wiederholungen, immer etwas anders, immer ähnlich. Vielleicht hat er begriffen, dass genau das die Essenz des Lebens ist: die Wiederholung; dass der Weg oft eine Art Wirbel ist, in dem sich ein linearer Weg zu einer Art ausweglosen Energie eindreht.
Wenn der Weg nun eine Art Hologramm wäre: Je mehr Seitenadern oder Hauptstraßen wir davon kennen, desto klarer wird das Bild der gesamten Landkarte. Je öfter wir uns verirren und wieder

zurechtfinden, je verzweigter wir forschen, desto schärfer wird das Bild der Landkarte! Obwohl ein Teil des Weges weit entfernt von der Hauptstraße zu sein scheint, wirft er doch ein klares Licht aufs Gesamtbild. Wir sind vernetzt, wir gehen vernetzt und während wir uns bewegen oder nicht bewegen, finden ständig Prozesse statt, die Impulse verarbeiten, abwehren, annehmen, ausbauen, verstärken. Wir sind EmpfängerInnen von Impulsen und ImpulsgeberInnen und jede Bewegung dieser Impulsenergie verändert auch den Weg, den wir gehen. So gern es herrschende Mächte hätten: den linearen Weg gibt es nicht.

Um zu meinem Lieblingsplatz im Gebirge zu kommen, fahre ich immer denselben Weg. Ich kenne ihn gut, fahre ihn oft, doch eines

Tages bin ich auf dieser Route unachtsam, biege falsch ab. Zuerst merke ich meinen Irrtum gar nicht, doch scheine ich mich vom Gebirge fortzubewegen, anstatt ihm näher zu kommen. Es ist nur eine geringfügige Veränderung, doch habe ich mich plötzlich so verfahren, dass ich überhaupt nicht mehr weiß, wo ich bin. Habe ich durch meinen Irrtum und den Verlust des »richtigen« Wegs etwas verloren?
Ich lasse vor meinem inneren Auge den Irr-Weg vorbeiziehen und stelle fest, dass ich anstelle des bekannten Wegs eine Art Initiationsweg entdeckt habe. Ich fahre zuerst durch »Wolfs-Öd«, durch die Einsamkeit der Wölfin, dann komme ich zur »Steinheiler-Öd«, mache ein Stein-Orakel und erreiche dann das Dorf »Spiegel«, wo ich mich selbst betrachten und die neu entstandenen Impulse deuten muss. Die Verkäuferin eines Krämerladens, in dem ich etwas zu trinken kaufen will, sagt: »Ich weiß gar nicht, heut dreh ich mich nur im Kreis.« Ganz offensichtlich hatte ich da eine Unterrichtsstunde in Sachen Weg nötig. Der kürzeste Weg ist nicht immer der schnellste, und womöglich hält er dich durch Gewohnheit davon ab, etwas Neues, für dich Wesentliches zu erfahren. Das würde allerdings bedeuten, dass es einen »falschen« Weg gar nicht gibt.

Im Alpenraum wacht die Percht über Wege und Wegkreuzungen, über das Netz der Wege zwischen den Welten und Wirklichkeiten. Im Gegensatz zu den traditionellen Schutzengeln, die einfach nur beschützen, macht sie Frauen radikal lebendig. Sie ermahnt uns, hellwach und aufmerksam zu sein und alles wahrzunehmen, anstatt einfach nur vor uns hinzutrotten. Vor allem freche Frauen und alte Frauen finden zur Percht, denn sie haben keine Angst, unkonventionell zu sein, sie fürchten sich nicht davor, ausgeschlossen,

verlacht, verspottet zu werden, weil sie die Gründe kennen, die zur Angepasstheit führen. Sie unterwerfen sich nicht.
Die Kraft der Alten an der Wegkreuzung ist von jeher gefürchtet. Im Süden tragen die Alten Schwarz, die Farbe der Macht. Schwarz zieht alle Energien an, ist die Summe aller Farben, ist der Zustand des Universums. Schwarze Löcher ziehen alles an sich – ins Schwarz wird alles gesaugt, im Schwarz wird alles sich wieder vereinen. Der größte Teil der Materie ist schwarze Materie und nicht sichtbar, das bedeutet auch, dass der größte Teil der Energie nicht definierbar und unerkannt bleibt. Die Alte an der Wegkreuzung hat viele

Namen: Percht, Hel, Holla, Freya, Kali, Baba Jaga und doch ist sie nur eine, die Hüterin der schwarzen Materie, des Nicht-Gewussten, nicht Bewussten. Sie weiß um das nicht Sichtbare, nicht Spürbare. Sie weiß um die Illusion, die nie Vision wird, und um die Vision, die die Illusion abschüttelt.

Die meisten Menschen haben den Überblick über ihre eigenen Wege nie gehabt oder verloren, also folgen sie jenen, die einen Weg anbieten. Der meistbegangene in diesen Tagen ist der Weg der sozialen oder asozialen Netzwerke: hier werden Ausstattungen, Gefühle, Handlungen, Haltungen, Fragen und Antworten vorgeschlagen, suggeriert, gleichgeschaltet. Wer da an der Wegkreuzung sitzt, Entscheidungen zuteilt und daran verdient, ist gar nicht mehr klar, vielleicht auch gar nicht mehr wichtig. Auch Religionen und spirituelle Gruppen bieten Wege an, geben Regeln vor und verlangen von den »Followern«, den Gefolgsleuten, eine Art Unterwerfung unter den Hype oder Glauben, je nachdem. Du bleibst im bekannten Gefüge, das dir eine Art Scheinsicherheit anbietet, und womöglich bezahlst du diese »Sicherheit« mit deinem Leben.

Das Begehen oder Befahren kleiner unbekannter wilder Wege macht selbst das Leben in Mitteleuropa zu einem Abenteuer. Steigst du einmal aus der Linearität aus und folgst Impulsen anstatt dem Navigationsgerät, das dich unmissverständlich auffordert, Anweisungen zu folgen und eben vom Weg nicht abzukommen, dann entdeckst du womöglich Orte, Menschen und Ereignisse, die dir nie begegnet wären, wenn du dem Strom der allgemeinen Erfahrung gefolgt wärst.
Vergleichbar der Göttin Hekate, Wegweiserin, Bewohnerin der Wegkreuzungen, sitzt auch die Eule an der Kreuzung und lauert

auf Beute. Im übertragenen Sinn ist es von großer Bedeutung, nicht zum Opfer der Räuber zu werden. Wer sich verirrt, ist verunsichert, leichte Beute. Aus dem Nest gefallener kleiner Vogel – die Eule hat da kein Verständnis, sie schlägt zu. Wenn du einem Vogel gleichst, der schutzlos, orientierungslos aus dem Nest gefallen nun nicht weiß, wohin es gehen soll, bist du fette Beute für alle, die auf jeden Fall wissen, was aus so einem Vögelchen herauszuholen ist.

Der Lebensweg der diesseitigen Welt überschneidet sich stets mit den Spuren der vielen anderen Wirklichkeitsebenen. Manchmal werden viele Wege sichtbar – wie sollen wir uns da orientieren? Sibirische Schamaninnen verließen den diesseitigen Weg mit einem

Holzpferd, aus dem schließlich unser »Steckenpferd« geworden ist. Sie reiten auf ihren magischen Pferden auf den Pfad der anderen Welt, wo sie Antworten auf ganz praktische irdische Fragen finden. Ein anderes Transportmittel ist die Trommel, sie öffnet Spuren, die bislang unsichtbar waren. In Trance gleitet die Trommlerin, die Schamanin, die Wegbereiterin, aus der Enge der mittleren, der körperlichen Welt in die Oberwelt der Geistwesen und Schamanen-Mütter oder in die Unterwelt der dämonischen Wesen und Erdgeister.
Fast alle Initiationsmärchen, in denen Helden aus Dummheit oder Unachtsamkeit die Prinzessin verlieren, mit der sie schon so gut wie verbunden waren, beschreiben die Wiederfindung als Weg der Hindernisse. Um Wissen zu gewinnen, muss ein »Umweg«, ein nicht gangbarer Weg eingeschlagen werden. Unlösbare Aufgaben müssen gelöst werden, ein gläserner Berg muss bestiegen werden, ein Fass ohne Boden muss Getreide transportieren und so weiter. Was bedeutet das? Die unmögliche Aufgabe erfordert Hingabe. Hingabe ans Nicht-Wissen, ans Alles-Wissen durch Verbindung zu allen Impulsen und Energien. Initiationsgeschichten und Märchen erinnern uns daran, dass wir verbunden sind, obwohl wir es schon lang vergessen haben und glauben, durch Mühe etwas zu erreichen, das nur durch Hingabe zu erfahren ist.

Wegweiserinnen im Märchen kennen nicht nur den Weg, der begangen werden muss, sondern auch die Gründe, warum es gerade diese Spur ist und gerade diese Hindernisse überwunden werden müssen. Zudem kennen sie die Helferwesen, die nur durch Freundlichkeit, Güte und Mitgefühl zu finden sind, und oft genug stellt sich heraus, dass der Ort der magischen Erfüllung unweit des

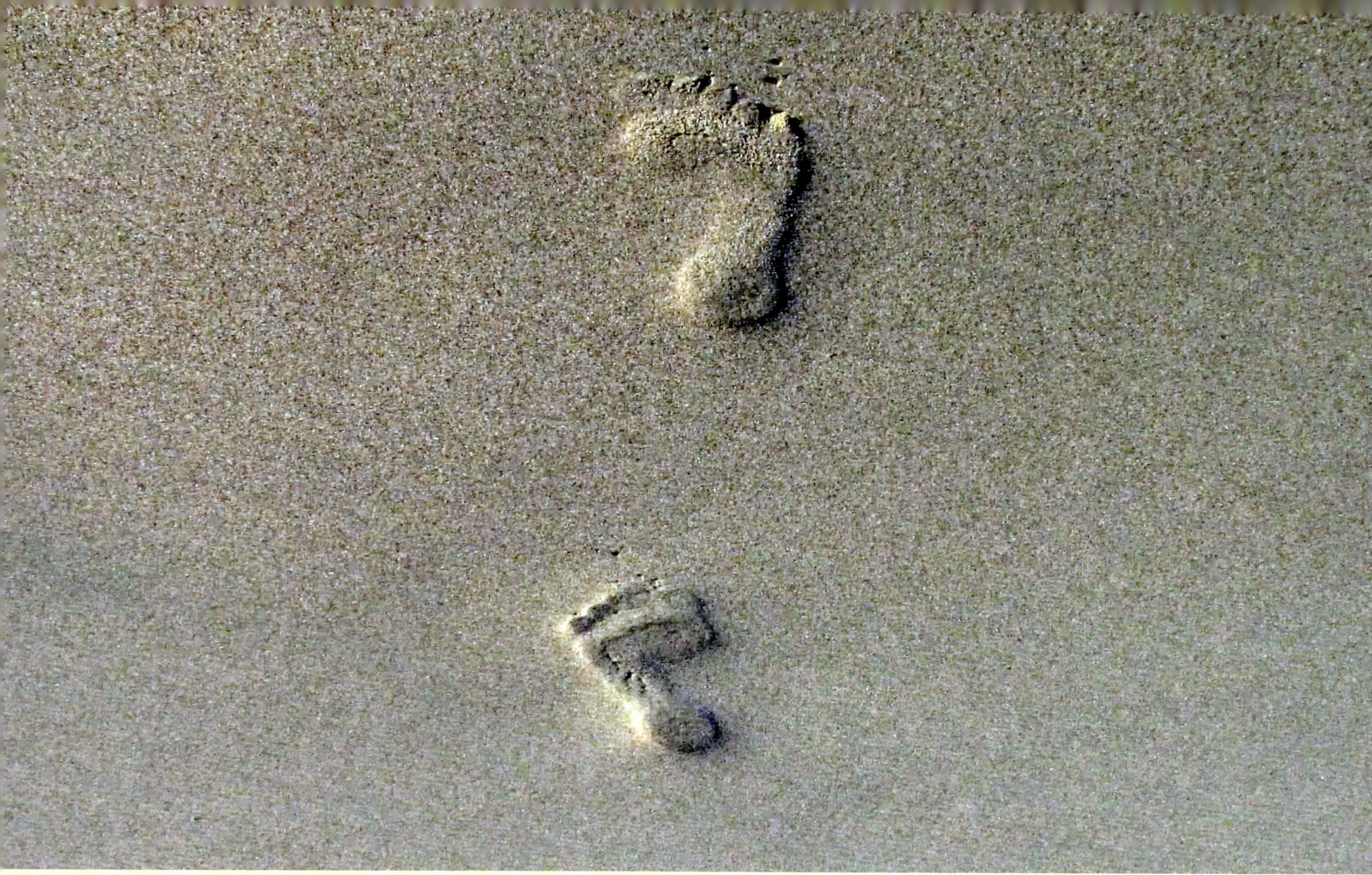

eigenen Wohnorts ist oder sich sogar schon immer dort befindet und nur nicht erkannt wurde.

Auf dieses Phänomen spielt auch der Mythos von Avalon an: Ein und derselbe Weg führt sowohl zum weltlichen Kloster wie auch zum mythischen Ort der Erleuchtung. Und diese Erleuchtung kann im Supermarkt, auf der Pferderennbahn oder am Bahnhof auftauchen und eben nicht im magischen Seminar oder der schamanischen Ausbildung. Wenn Zeit, Ort, Weg, Impulse in einem Augenblick zusammenkommen und fusionieren, gibt's den berühmten Blitz der Erkenntnis, der Erleuchtung, ob das nun der richtige Ort, der erhabene Zeitpunkt und Ort ist oder der Müllplatz.

Es gibt eine Art inneren Code, der zu den unsterblichen Wesen, zur Wildnis, zur Essenz führt. Der Code ist für jede Person ein anderer, wird von jeder Person ganz eigen entwickelt, es gibt keine absolute Wahrheit. Der Code, den du erzeugst, den du eingibst, den dein Hirn in einer Art spiritueller Navigation zusammenbaut, entscheidet über die Schicht des Wegs, auf dem du reist. Mit der von dir gewählten Erfahrungseinheit laufen zugleich alle anderen Möglichkeiten mit, ein universelles Gewebe in vielen Farben. Jeder Weg ist überlagert und unterlagert von vielen anderen Weg-Möglichkeiten, die jederzeit überblenden und aktiv werden können. Die Frage bleibt: Wanderst du selbst in diesem Netz aus Impulsen und bist gleichsam die Spinne, oder bist du im Netz der Spinne gefangen, unfähig, dich daraus zu befreien?

Die Spinne ist die Hüterin der feinen Fäden, der Öffnungen und Wege. Du musst die Augen offen halten, um ihre feinen Fäden zu entdecken, und dich sachte bewegen, um mit der entstandenen Emotion ihre Raub-Energie zu wecken. Wo alle Wege unbekannt sind, ist es eben leicht, räuberischen Kräften oder Wegelagerern in die Hände zu fallen. Wege-Kundige wie Taxifahrer, Einheimische, Händler usw. können rettende Information geben, aber genauso gut auch zur Gefahr werden. Die Gefahr liegt nicht darin, dass sie nichts wissen, sondern dass sie zumindest auf diesem Abschnitt deines Wegs sogar sehr genau Bescheid wissen – im Gegensatz zu dir. So können sie Unwissenheit ausnützen und Kraft, Hab und Gut rauben.
Wer unbekannte Wege geht, muss sich die Fähigkeiten von Wegkundigen aneignen, genau schauen, fühlen, hören, scharfsichtig wie die Eule, feinfühlig wie die Spinne. Gut vernetzt und verbunden.

In der Astrologie wird der Lebensweg als Rad dargestellt. Scheinbar einfach – es gibt die Sternzeichen (am Himmel), die Häuser (auf der Erde) und die Planeten, die durch Zeichen und Häuser wandern –, ist es doch ein sehr komplexes Gefüge, in dem sich Kräfte und Impulse immer wieder kreuzen und begegnen. Ein Leben lang drehen wir uns um uns selbst, drehen wir uns mit der Erde um die Sonne und dreht sich unsere Galaxie, in der wir gar nicht auffindbar sind und selbst die Erde nur ein winziger Punkt ist. Dass wir ein Leben lang kreisen, immer wieder an allen Erfahrungen, Schmerzen, Rätseln, allem Entzücken vorbeikommen, immer wieder ein bisschen anders, mal deutlicher spüren, mal schier blind dahintanzen, zeigt, dass es den linearen Weg gar nicht gibt. Vielleicht ist dieser Lebensweg eher spiralig, treibt uns in Höhen und Tiefen?

Was aber, wenn es gar keinen Weg gibt? Wenn die Illusion des Wegs nur geschaffen wurde, um uns vom Spinnen, Kreisen, Wirbeln, Drehen, Fliegen abzuhalten? Was, wenn der Weg eine Galaxie ist, die um ein Energiezentrum kreist, Visionen wie Sterne gebiert, Erkenntnisse wie Planeten drehend entstehen und verschwinden lässt. Das Leben – eine Galaxie. Wer sich hineinfallen lässt, wird von universeller Energie im Tanz der Teilchen getragen, geschaukelt und aufgelöst.

Ich bade meine stimme in wodka
und meine augen in tränen
vor lachen
worte fallen aus meinem mund
und werden zu gesang
die stimmen der mächtigen
haben hausverbot
ich hör der buche zu
sie wirft die blätter ab und wispert
ich fühle den frühling

ich wandere zu fernen sternen
die mit mir morgens um vier
verblassen
an der haustür steht die zeitungsfrau
sie geht gerade auf
ich gehe unter
munter

SPIELMÖGLICHKEIT

In einer Meditation kannst du dir bewusst machen, wie dich dein Weg bis jetzt geführt hat. Wo bist du vorbeigekommen? Was waren die angenehmen, die problematischen, die wunderbaren Stationen?
Du kannst dir eine Art Landkarte ausdenken, in denen du diesen Weg, diese Stationen zeichnest oder als Collage darstellst.
Überleg dir dann, wohin du wirklich gern gehen willst, was dein Traum, vielleicht auch der Traum deiner Kindheit ist, und stelle diesen Traum als Bild, als Weg oder als Landkarte dar.

Wiederholung

»Du wiederholst dich!«, mahnen Freundinnen, wenn du etwas zweimal oder dreimal erzählst. Wiederholung – das Gift der rationalen, linearen, effektiven Lebens-Struktur. Wiederholung ist sogar ein medizinisches Phänomen. In der Demenz, im Verlieren von Hirnkapazitäten, spielt die Wiederholung eine große Rolle. Die beste Freundin meiner Mutter, die ein sehr kompliziertes Leben hatte, wurde im Alter dement und erinnerte sich am Ende nur noch an die Telefonnummer meiner Mutter, die sie täglich bis zu hundertmal anrief. Stets fragte sie dann: »Wie geht's dir?«

Die Nummer meiner Mutter und die Frage nach ihrer Befindlichkeit wurden zur Essenz ihres Lebens. Nichts anderes zählte mehr, sie erkannte niemanden mehr außer meiner Mutter. Meine Mutter war die Einzige gewesen, die in der Kindheit mit ihr gespielt hatte, die sie akzeptiert und in ihr Familienleben einbezogen hatte. So gesehen mag die Wiederholung ein Symptom einer Krankheit sein, kann aber genauso gut auch eine Konzentration aufs Wesentliche bedeuten: nur noch das zählt. Und in der Wiederholung liegt die Kraft.

Mit Tönen der Wiederholung und Beschwörung beginnt fast jedes Menschenleben: dududu, tuzituzituzi, bababa, gugugu! Wer mit einem Baby kommuniziert, wiederholt fast automatisch Laute, um die Aufmerksamkeit des Babys zu erreichen. In die Wiederholung der Töne eingebettet, empfindet es vermutlich wohlige Energie und Sicherheit. Menschen im Schockzustand reagieren auf die Wiederholung von beschwichtigenden Tönen mit Entspannung und Ruhe.

Wiederholung ist das Prinzip des Lebens, der universellen Energie. Das Auftauchen, Verschwinden und Wieder-Erscheinen begleitet uns in allen Lebenslagen. Vom Herzschlag – babam, babam, babam – über Schlafen und Wachen, vom Essen und Verdauen, vom täglichen Verrichtungen bis zu selbstgewählten Ritualen – alles wiederholt sich. Immer. In Erzählungen gehe ich immer wieder zu den gleichen Wortlandschaften, die für mich eine Art innere Heimat sind. Ich steige in die Wortbilder ein, wie andere ins Kino gehen oder im Fernsehen die immer gleichen Serien anschauen. Durch Wiederholung wird alles vertraut, durch Wiederholung wird manches unerträglich. Die Wiederholung macht uns bewusst, doch macht sie uns auch unaufmerksam. Kenn ich schon. Nichts Besonderes. Wirklich? Die Wiederholung erschwert die Achtsamkeit, weil uns das Bekannte so vertraut scheint, dass es keine besondere Aufmerksamkeit erfordert. Doch wird erst durch die bewusste Wiederholung, durch das genaue Wahrnehmen der wiederholten Abläufe, die Essenz einer Erfahrung sichtbar und spürbar.
»Du wiederholst dich«, wird gemahnt. Ja, aber wie schön ist das, sich zu wiederholen, das Wunderbare wieder und wieder zu erzählen, um zu verstärken, zu verankern. Das Schreckliche wieder und

wieder zu erzählen, um es loszuwerden. Denn die Wiederholung ist keine eindimensionale Kraft, die überall das Gleiche bewirkt. Sie kann nerven, sie kann heilen, sie kann Sicherheit geben oder Angst machen.

Durch ihr Beten und Singen und die immer gleichen Sprüche murmeln die Frauen die Kirche lebendig. Doch vor ihnen sangen und tanzten die Menschen immer wieder, um ihre Krafttiere, ihre Verbündeten zu rufen. Je öfter sie riefen, desto stärker wurde die Kraft, die sie in sich aufnahmen. Im Ritual wird alles immer wieder neu und zugleich alt und vertraut wiederholt. Die bekannten Schritte, die altvertrauten Lieder rufen die Energie, je öfter, desto schneller. Durch die ständige Wiederholung des Leidens und seiner Darstellung wird das Leiden zur schier unausweichlichen Kraft. Alle haben immer schon gelitten, also muss ich auch leiden. »Leben ist leiden«, sagte eine portugiesische Nachbarin zu mir, und wenn ich sie sah, wurde mir klar, dass sie das Leid jeden Tag neu programmierte, mit den immer gleichen Mantren.
Mantren sind das Werkzeug der Wiederholung. Wir kennen Mantren scheinbar nur aus der indischen Spiritualität, doch auch das, was wir täglich sagen, unsere Überzeugungen, unsere Sprüche, die womöglich noch von Eltern oder Großeltern stammen, sind Mantren. Über Generationen wiederholt, haben sie eine Macht, die schwer aufzulösen ist. »Besitz ist wichtiger als die Menschen. Der Besitz muss erhalten bleiben«, war das Mantra, mit dem meine Freundin im Hof ihrer Eltern lebte und starb. Die Menschen kommen und gehen, der Besitz bleibt. Grausam. »Männer kommen und gehen, Freudinnen bleiben«, war das Mantra meiner Mutter, das wohl auch zum Programm wurde. Sprichwörter haben auch eine

Mantra-Qualität. Müßiggang ist aller – ja eben nicht! – LÜSTE Anfang! Als mir klar wurde, wie mächtig diese Sprüche immer wieder im Hirn kreisen, fing ich an, diese Sprüche zu verändern: »Übermut – tut einfach gut!« »Lieber reich und gesund als arm und krank!« »Morgenstund – tut Wahrheit kund.«
In einem Seminar, in dem es um die Macht der Sprache ging, erzählte eine Frau, dass sie von ihrer Mutter in der Kindheit und Jugend immer wieder unterbrochen wurde, wenn sie etwas erzählen wollte oder etwas zu sagen hatte: »Reden ist Silber, Schweigen ist Gold!« Irgendwann platzte ihr der Kragen und sie sagte: »Mir reicht Silber!«

Zaubersprüche leben natürlich auch von der Wiederholung. Wenn ich einen Spruch für mich gefunden und geprägt habe und ihn wieder und wieder sage, verändert das meine Energie. Zum Beispiel sage ich:

Traumweberin Bilderspinnerin Zaubersprecherin bin ich
was ich rufe kommt
was ich banne muss gehen

Je öfter ich das wiederhole – auf Wanderungen durch den Wald, durch die Landschaft oder durch die Stadt zum Beispiel –, desto intensiver verbindet sich dieser Text mit dem, was ich gerade sehe, rieche, fühle, erlebe. Ein Zauberspruch, ein Mantra wird so zur verstärkten Erfahrung der Wirklichkeit für mich. Natürlich kenne ich auch zerstörerische Mantren und spreche sie, unbewusst, gelegentlich aus, wie: »Das weiß ich jetzt schon, dass das grauenhaft wird.« Angeschoben durch eine frühere Erfahrung scheint das Er-

eignis schon von vornherein festzustehen: grauenhaft. Indem ich das Mantra wiederhole, verstärkt sich auch die Möglichkeit, dass es grauenhaft wird. Wenn ich den Inhalt drehe und zum Beispiel sage: »Es könnte eine interessante Erfahrung werden!«, muss ich lachen und befreie mich so vom Bann der vorherigen Energie. Worte, Mantren, Dahingesagtes haben eine oft zerstörerische Wirkung. Abfällige, gemeine Worte, die einem Kind immer wieder gesagt

werden, bleiben ein mächtiges Energiefeld, oft bis zum Tod. »Du Trampel! Du machst alles kaputt!« Wie soll man so einen Zauberspruch brechen? Indem man einen neuen erfindet und den alten immer wieder überschreibt. In diesem Fall zum Beispiel: »Fühle ich mich schwach und klein, lade ich die Göttin ein, ich erneuere meine Welt genauso wie sie mir gefällt.« Das hat schon Astrid Lindgren mit Pippi Langstrumpf bewirkt: »Ich mach mir die Welt wiedewiedewie sie mir gefällt.« Rationale Menschen sagen dann strafend: »Du machst es dir leicht!« Aber warum sollen wir es uns schwer machen? Machen wir's uns leicht – schwer wird's von allein.
Manchmal treffe ich mich mit Freundinnen und Freunden zum Singen. Dann kommt schon mal ein Gespräch über die Kindheit auf und den Spruch: »Setz dich nach hinten, du brummst!« Das führt dazu, dass Menschen, denen das gesagt wird, aufs Köstlichste verzichten müssen: Singen. Singen befreit, lässt alle Krämpfe los, lässt uns fließen und schwingen.
Bevor die Menschen eine Sprache fanden, hatten sie schon Töne. Sie sangen und wiederholten diese Töne, sie badeten sich im Gesang. Ich kaufte einmal ein Fragment eines uralten Rindenstoffs aus dem Kongo, an dem mich das Muster der darauf aufgebrachten Dreiecke faszinierte. Scheinbar immer gleich, variieren sie jedoch minimal, was man aber nur erkennt, wenn man genau hinschaut. Eines Tages kam ein afrikanischer Freund, betrachtete den Stoff, schnappte sich seine Trommel und spielte den Rhythmus, den er in den Dreiecken erkannte. Ein Muster als Vorlage für einen Rhythmus, für Töne, für wiederholbare Energien.

»Beschwöre es nicht herauf!«, sagt der Volksmund. »Gleich wird's regnen«, sagt eine. »Beschwör's nicht herauf«, eine andere. Be-

schwören, rufen – was das wohl mal war? Konnten wir es denn? Konnten wir durch die unermüdliche Wiederholung eine Kraft rufen, die sich dann manifestierte?
Standen wir nicht an den Meeresstränden und riefen den Sturm? Riefen wir nicht alles, was wir brauchten, durch immer wieder gesungene, getanzte, gestampfte Sprüche? Zogen wir nicht über die Felder, sprachen mit den Bäumen, den Pflanzen, riefen die Tiere, wieder und wieder?
»O Maria hilf!«, flüstern die Frauen in den Kirchen und Kapellen, vor Hausaltären und auf Wallfahrten, und Maria hilft, weil die Magie der Wiederholung und Beschwörung alles möglich macht, weil das immerwährende Sprechen und Singen die Welt neu formt und alles möglich macht, auch das Unmögliche.

In der Werbung wird gesprochen und wiederholt, bis wir alle mitsingen können, bis wir kaum noch in der Lage sind, diese ganz besonderen Zaubersprüche aus unserem Hirn zu bannen, so einschmeichelnd, so hartnäckig sind sie. Und während wir von Wissenschaftlern ermahnt werden, an Magie nicht zu glauben, weil es diese gar nicht gibt, fließt die Magie der Werbung in unsere Köpfe, der Rosenkranz der Industrie wird heruntergebetet, bis wir die Texte im Schlaf nachplappern können.

Ich wiederhole, was ich gestalten will. Ich wiederhole, was ich materialisieren will. Ich wiederhole, was mich glücklich macht, was mich bereichert, so lange, bis ich es in allen Körperzellen fühlen kann. In der Imagination gestalte ich meine Welt und ich wiederhole sie, bis sie sich verkörpert und erscheint. So gestalte ich auch meine Workshops. Mögen andere immer neue Ideen, Techniken,

Wahrheiten finden: Ich wiederhole mich. Ich nutze die immer gleichen uralten und zugleich immer neuen Mittel, um an die spirituelle Essenz zu gelangen. Und das Wirksamste von allen ist die Wiederholung. Ich arbeite mit Körperübungen, Tönen, Gesang, Visualisierungen, Imaginationen, und je öfter ich die gleichen Bilder aufrufe, desto stärker fangen sie an zu wirken. Wenn ich für eine Gruppe eine Imagination ausspreche, spüre ich, wie das Gesprochene in mich einfließt: Die Energie der Erde, die den Körper auf der Matte, auf der Unterlage hält, fließt als heilende Kraft in alle Körperzellen und erfrischt und erneuert sie. Ja, so ist es. Und ich habe jederzeit und überall die Verbindung zur Erde, denn ob im Hochhaus, im Flugzeug, in einer tiefen Erdhöhle oder mitten im städtischen Verkehr – die Erde ist immer unter mir und ihre Energie ist immer spürbar. Wenn ich das vergesse, lasse ich etwas fallen. Da wo es landet, ist die Kraft der Erde. Jetzt kann ich sie zu mir holen, in mich einströmen lassen, mich mit ihr stärken. Sie ist eine mächtige Verbündete. Ich brauche keinen Pfefferspray...

Die Sprache des Beschwörens und Rufens ist die Sprache der Alten, die Ursprache. »Babababahaha«, sagen die sibirischen Schamanenmütter und »böhöböhöböhö!« Was wird das wohl heißen? Probiers aus! »Wulliwulliwulli«, rief ich die Gänse und »hoahoahoa« die Kühe. »Purrpurrpurr«, sagt die Katze.
Wir wiederholen uns. In uns entsteht Wärme und Heiterkeit. Das Wiederholen schafft Vertrautheit, die Stimmbänder schaukeln leise im Atem, kehlige Laute füllen den Raum um uns, wieder und wieder lullen wir uns ein mit Lauten und verändern die Welt, weil wir sie auf neue und immer wieder gleiche uralte Weise benennen, die Vision beschwören und wiederholen, so wie wir es sehen wollen,

sehen werden. Wiederholend und beschwörend erzählen wir alles den Bäumen, dem Wasser, den Wolken, Sonne und Mond, den Blumen, der Erde, dem Feuer. Ich sehe und ich erzähle. Ich nehme wahr und mache wahr, wieder und wieder sage ich wahr.

ihr habt doch keine ahnung dachte ich als kind
in welche schwarzen löcher
eure worte bei mir fallen
welche wunden es zu überwinden
welche wunder es zu rufen gilt
verschont mich doch mit euren ermahnungen
ich hab zu tun mit meinen ahnungen

SPIELMÖGLICHKEIT

Denk dir ein Mantra, einen Spruch, vielleicht auch einen Zauberspruch aus, in dem ausgedrückt ist, was du dir wünschst, was sich in deinem Leben ereignen soll. Du kannst diesen Spruch immer wieder sagen oder singen und dabei wahrnehmen, wie sich ein wohliger Spruch oder Gesang auf den Körper, auf die Gedanken und das ganze Leben auswirkt.

Wildnis

Die wilde Kraft – viel zitiert, oft gesucht, beschworen, idealisiert und verniedlicht –, diese wilde Kraft ist vielleicht die am meisten missverstandene Energie in der spirituellen Szene. Alle gehen davon aus, dass es eine »Wildnis-Initiation« geben muss, dass wir uns mit der so genannten Wildnis auseinandersetzen, uns ihr aussetzen müssen. Und was wäre diese Wildnis?

In Portugal, wo ich zeitweise lebe, gehe ich oft nachts hinaus zu den überwältigend schönen Megalith-Steinsetzungen, zu den Eichen- und Olivenhainen, auf Hügel, in Flusstäler. Einmal war ich sehr weit von meinem Wohnort und meinem Auto weg, als ein Gewitter ausbrach. Ich stand zwischen Steinen und Bäumen, nirgendwo eine flache Ebene, in der ich mich hätte hinkauern und auf das Ende des Gewitters warten können. Die erhabene Schönheit der Landschaft bedeutete mir jetzt nichts. Ich fühlte mich bedroht. Ein Blitz fuhr in einen Baum ein – ziemlich nah. Ich konnte eine Luftwelle spüren. Es regnete so stark, dass kein Feuer entstand. Ich wurde nass bis auf die Haut, fing an zu schlottern. Mir wurde plötzlich klar, dass ich in einer ziemlich ähnlichen Situation war wie die von mir bewunderten und leidenschaftlich erforschten Steinzeitmenschen: in der Wildnis ungeschützt den Elementen ausgesetzt.

Und doch gab es natürlich Unterschiede, die wir gar nicht wegdiskutieren können: Ich war über sechzig Jahre alt, so alt, wie Steinzeitmenschen, jedenfalls nach unserem Wissen, gar nicht wurden. Ich wusste: Egal wie unbequem jetzt diese Situation ist, konnte ich doch mit dem Auto nach Hause fahren, zu Hause meine Heizung anmachen, meine Kleidung wechseln und mich gemütlich ins Bett legen. Daran muss ich denken, wenn ich von »Wildnis«-Retreats und -Workshops lese. Da machen sich Menschen auf, die Wildnis zu erforschen, betreut von Workshop-LeiterInnen, die meistens keine Ahnung haben, wie sie im Fall einer Krise, eines Unfalls oder Unglücks handeln sollen. Die Illusion der mobilen Telefonie suggeriert ja, dass, Wildnis hin oder her, dann schon ein Helikopter kommen wird, der retten kann. Dass Hilfe nicht nur jederzeit gerufen werden kann, sondern auch jederzeit gelingt. Statistiken von Unfällen in den Bergen beweisen eigentlich das Gegenteil: Oft kommt jede Hilfe zu spät. Der Grund für Unfälle: meist Überforderung, falsche Ausrüstung, falsche Entscheidungen. Wer für zwei, drei Tage in die Wildnis gehen will, wer an einer Wildnis-Expedition teilnimmt, geht davon aus, dass natürlich das Schlimmste verhindert wird. Wer will sich schon für so ein Experiment entscheiden, wenn die mögliche Konsequenz der Tod ist! Und doch unterschreiben alle TeilnehmerInnen solcher Kurse und Expeditionen, dass sie das auf eigene Verantwortung tun. Ob sie das ganze Ausmaß der Möglichkeiten überhaupt erfassen, bleibt fraglich.

In meiner Arbeit war das Wichtigste immer das Wohlbefinden der Teilnehmerinnen, dafür war dann eben die Erfahrung in der Natur nicht ganz so spektakulär, nicht so qualvoll, nicht so lang, nicht so radikal. Warum? Ich glaube nicht daran, dass man mit einem oder

mehreren Workshops der Wildnis näher kommt. Wozu auch? Warum muss ich lernen, durch Reibung Feuer zu erzeugen, wenn ich ein Feuerzeug oder Streichhölzer mitnehmen kann? Warum muss ich Maden essen, wenn der nächste Laden ein paar Kilometer durch Wald und Feld entfernt ist? Warum überhaupt in die wilde Natur abtauchen, wenn das eigene Leben mit Smartphone, Auto, Zentralheizung, Supermarkt gestaltet wird? Warum etwas idealisieren, das einfach nicht mehr unserem Leben im 21. Jahrhundert entspricht? Heißt das, dass ich Begegnungen mit der wilden Kraft in der Natur überflüssig finde? Im Gegenteil. Sie sind bereichernd, überraschend, erfrischend. Vorausgesetzt, sie sind gut vorbereitet und lassen einen Notausgang offen.

Ist es nicht sinnvoller, zunächst die ureigene Wildnis im eigenen Körper, im eigenen Geist zu erforschen? Was alles tut mein Körper ohne meine Kontrolle, ohne mein Zutun? Wie gehe ich mit Abhängigkeiten, mit Lüsten und Ge-Lüsten um, wie gehe ich mit den Ur-Energien in mir um: Hunger, Gier, Neid, Zorn, Eifersucht? Denn das ist die Wildnis in uns, Gefühle und Körperfunktionen, die wir weder so genau kennen, noch be-herr-schen können, die eine sehr genaue Analyse erfordern, um kreativ mit ihnen umzugehen. Was nützt mir ein fettes Bankkonto, wenn meine Verdauung nicht funktioniert? Was nützen mir Ruhm und Anerkennung, wenn ich nachts nicht schlafen kann. Was nützt das schamanische Diplom, wenn ich keine Kontrolle über meine Eifersucht, meinen Neid, meine Wut, meine kleinkarierte Aufrechnerei habe?

Das Buch »Into the Wild« beschreibt die Geschichte eines jungen Mannes, der beschloss, sich der Wildnis auszusetzen und ohne die Errungenschaften unserer Zeit ein »einfaches« Leben in Alaska zu führen. Er wusste nichts über Pflanzen, über das Leben in der Kälte, über die Ängste, die mit dem Alleinsein entstehen können. Er dachte, allein der (heldenhafte?, ökologische?) Entschluss, die Zivilisation hinter sich zu lassen, reiche aus, um sich mit der Natur zu verbünden, sich vielleicht sogar mit ihr zu messen?

Die wilde Kraft ist die Kraft, die sich nicht trainieren, beherrschen, käuflich erwerben oder behaupten lässt. Sie ist die Urkraft. Einmal erkannt, führt sie uns dahin, wo die Errungenschaften der modernen Welt keine Macht haben. Sie führt in den leeren Raum, in dem alle Erinnerungen der Menschen gerufen werden können. Sie führt zur Fähigkeit, im wachen Zustand zu träumen und die Träume zu manifestieren, zu materialisieren. An die wilde Kraft können wir nicht »glauben«, wir können sie nur entdecken, spüren, leben und wissen, auch wenn niemand versteht, worum es überhaupt geht. Sie ist da und fordert uns heraus.

Die wilde Kraft ist so mächtig, dass Geld, Besitz, Ruhm, Erfolg, Beliebtheit bei anderen daneben einfach verblassen. Sie ist die Quelle, und wer diese Quelle findet, ist in der Lage, das eigene Leben wirklich selbst zu gestalten und sich von vorgefertigten Ideen und Lebensmodellen zu befreien.

Verbindung zur wilden Kraft bedeutet, sich selbst bis in die tiefsten Niederungen zu kennen und damit auch Verbindungen zu allen anderen Wesen zu öffnen. Ich muss die Natur nicht unbedingt wissenschaftlich erforschen, ich kann mich ihr auch mit dem Wissen um meine eigene Natur nähern. Ich bin Wasser, ich bin Luft/Atem, ich bin Feuer/Verdauung und ich bin Erde, denn alles in mir wird zu Erde oder Asche, wenn ich tot bin.

Wenn ich verstanden habe, was die Elemente in mir bewirken und wie ich sie lebe, habe ich die wilde Kraft verstanden und erkenne sie überall wieder.

Auch die Selbstheilungskräfte gehören zur wilden Kraft, zur Urkraft unseres Körpers. Zwar machen sich die anerzogenen und angelernten Programme in uns wichtig und scheinen die volle Kontrolle zu garantieren, doch in Wirklichkeit entscheiden die wilden Kräfte in uns über Leben und Tod und Heilung. Wenn diese Kräfte wach werden und wir ihnen vertrauen, können wir bedrohlichste Situationen entschärfen. Meistens trauen wir dem Körper gar nicht zu, diese Energien zu aktivieren, doch ist Heilung wahrscheinlicher, wenn wir zuerst den Körper fragen und dann das medizinische/ therapeutische Fachpersonal.

Es ist die Zeit der wilden Drachinnen
Zungen fahren heraus
Zähne reißen Fetzen
aus der Seelenhaut
Sie stellen den Emotionsfleischwolf auf
und treiben die Menschen durch
laben sich an dem Geschrei
fühlen nichts
nicht zum Fühlen sind sie hier
sondern zum Aufräumen

SPIELMÖGLICHKEIT

Gib dir eine digitale Auszeit, eine Art Wildniserlebnis, das nicht unbedingt in der Natur stattfinden muss. Wichtig ist dabei, dass du nicht von den kleinen Signalen der Smartphones, von WhatsApp oder Textnachrichten abgelenkt wirst, dass du nicht ständig nach neuen Botschaften, Bildern oder Filmchen, nach Likes oder Bestätigungen hungerst, dass du wieder einmal ganz bei dir, ganz ohne digitale Anbindung (Gefangenschaft) bist.
Nimm dich einfach selbst wahr, wie denkst und fühlst du, wenn du nicht abgelenkt bist? Was spielt sich hinter der Suchtstruktur ab, die natürlich zunächst mächtig nach Ablenkung schreit? Wie nimmst du deinen Körper wahr? Deinen Atem? Die Flüsse in deinem Körper?

Wir mögen es vielleicht nicht immer wahrnehmen oder wahrhaben wollen, doch unser Körper ist wilde Natur, und wir wissen sehr wenig über die Verbindungen und Wirkungen darin. Es lohnt sich, auf Entdeckungsreise zu sich selbst zu gehen.

Wahrnehmung – Wahrheit

Als ein Freund, Anwalt, sechzig Jahre alt wurde, schenkte ich ihm eine afrikanische Wahrheitsfigur und sagte: »Die kannst du in deinem Job doch gut brauchen.« Er darauf: »Wie kommst du drauf, dass es bei Prozessen um Wahrheit geht? Es geht doch immer darum, die Gesetzeslücke zu finden oder den Schaden so weit wie möglich zu begrenzen.« Seit dieser kleinen Geburtstagsunterhaltung denke ich darüber nach: Wenn es nicht um Wahrheit geht, dann geht es wohl darum, eine Person zu finden, die eine mögliche Wahrheit bestmöglich vorträgt. Es gibt also eine Wahrheit auf dem gesetzlichen Level, doch es gibt eine andere Wahrheit in der persönlichen, mehr noch in der spirituellen Dimension. Du kannst etwas stehlen und dich geschickt aus der Verantwortung winden. Doch auf der spirituellen Ebene hast du ein Ungleichgewicht geschaffen, das jetzt an dir dran zieht.

Es geht eine junge Frau zur Baba Jaga. Freiwillig geht dort keine hin, denn Baba Jaga ist keine Sozialarbeiterin und auch keine Therapeutin. Sie ist eine Urgöttin, die sich nicht um Gefühle kümmert, sondern auf Energien und Impulse achtet und mit ihnen umgeht. Sie hat ein rotes Ross für den Sonnenaufgang, ein weißes für

den Tag und ein schwarzes für die Nacht, und berühmt ist sie für ihre unlösbaren Aufgaben. Denn wenn schon mal jemand zu ihr kommt, was ohnehin nicht wirklich attraktiv ist und deshalb selten vorkommt, dann stellt sie Aufgaben, die Verzweiflung aufkommen lassen. Denn löst du sie nicht, bist du verloren. Ihre Wahrheit ist unbestechlich, tricksen kannst du da nicht. Aber lösen kannst du sie eigentlich auch nicht. Wie soll jemand Wasser mit einem Gefäß ohne Boden schöpfen. Man könnte auch sagen: Wie albern von Baba Jaga, solche Aufgaben überhaupt zu stellen. Doch die erste Wirkung ihrer unlösbaren Aufgaben ist, dass die geprüfte Person sich etwas überlegen muss, also zum Beispiel die Wehleidigkeit aufgibt, denn die bringt ganz bestimmt nichts.
Ist dann eine gewitzt genug, diese Aufgaben so zu lösen, dass Baba Jaga zufrieden ist, dann kommt der nächste Schlag: Die Belohnung ist ein Schädel mit dem Licht, das alle verbrennt, die nicht wahrhaftig sind. Da stellt sich doch die Frage: Gibt es überhaupt jemanden, die oder der vollkommen wahrhaftig ist?
Bei meiner Begegnung mit Baba Jaga sagte ich, schon aufs Schlimmste gefasst: Ich kann dir nur eine Wahrhaftigkeit anbieten, nämlich die, dass ich mich mit vielen kleinen Notlügen durchs Leben schlängle und auch sicher bin, dass es anders gar nicht geht. Anstatt mich über ungerechte Regeln aufzuregen, umgehe ich sie eben. Vorerst scheint sie sich damit zufrieden zu geben, denn das Licht der Wahrhaftigkeit hat mich noch nicht verbrannt.

So wie es keine absolute Wahrheit gibt, gibt es auch viele unterschiedliche Wahrnehmungen, die alle ihre Berechtigung haben, aber unter den unterschiedlichsten Menschen viele Konflikte auslösen. Ich zum Beispiel finde auf einem drei Hektar großen Acker

den einzigen kleinen Stein, der einen Frauenkopf eingearbeitet hat. Meine Schwester findet in London ein Café, in dem es Hoppers gibt. Weder sagt ihr der kleine Frauenkopf etwas, noch sagt mir ein Hopper auch nur das Geringste, geschweige denn, dass er Freudensprünge bei mir auslösen würde, was der kleine Frauenkopf allerdings tut.
Was wir wahrnehmen, hängt davon ab, was wir sehen, hören, riechen, fühlen und schmecken können und welche Wertungen wir daraus ziehen. Manche nehmen nur wahr, was greifbar, hörbar, sichtbar und eventuell noch riechbar ist. Andere spüren etwas in der Luft, das weit über die bekannten Sinne hinausgeht. Manche spüren die Wirkung des Vollmonds und schwören, dass sie sich da anders fühlen und zum Beispiel nicht schlafen können. Andere, sagen wir mal Astrophysiker, scheinen sogar die Gravitationswellen wahrzunehmen, die vor eineinhalb Milliarden Jahren entstanden, weil zwei schwarze Löcher zusammenprallten und sich auflösten. Eine Wirkung des Mondes auf Menschen negieren sie aber.
Manche können die Aura eines Menschen sehen, andere sehen nicht einmal, wenn jemand sichtbar, hörbar leidet. Manchen erscheint das Leben in Mitteleuropa komfortabel, während andere kaum eine Lebensgrundlage finden können.

Können wir wahrnehmen lernen? Je gelassener wir im Augenblick ankommen und uns selbst spüren können, desto genauer wird auch unser Blick auf die Außenwelt, die anderen Menschen, desto genauer spüren wir Stimmungen, Atmosphären, ja, Gefahr oder Freude. Um genau wahrzunehmen, müssen wir aber den Mut haben, uns mit der Wirklichkeit, in der wir gerade unterwegs sind, zu konfrontieren. Wenn ich Armut und Verzweiflung von anderen

Menschen nicht wahrnehme, kann ich behaupten, Armut und Verzweiflung gibt es eigentlich gar nicht. Oder ich kann mich noch weiter entfernen und sagen: Die Menschen, die das erleiden, sind selbst schuld. Es gibt unvorstellbar viele Menschen, die so leben, die mit dieser Einstellung durchs Leben gehen und erst »aufweichen«, wenn es ihnen selbst schlecht geht.

Vor etwa vierzig Jahren, als wir in unserer Frauenwohngemeinschaft anfingen, spirituelle und magische Experimente zu machen, hatten wir natürlich noch herzlich wenig Ahnung davon, dass es auch riskant sein kann, in nichtkörperliche Seinszustände zu wandern und dort Entdeckungen zu machen, die sich im Alltag durchaus etwas irritierend auswirken können. Wir machten eine Trancereise zu Pluto. Die Hunde lagen bei uns im Zimmer. Wir hatten schmale Folienstreifen an einer Schnur aufgehängt, weil man uns gesagt hatte, dass Energien von anderen Wirklichkeitsebenen sich gern zeigen, indem sie die Folienstreifen zum Rascheln bringen. Wir lagen still da. Plötzlich fingen die Folien an zu zittern und zu wispern. Die Hunde sprangen auf und rannten aus dem Raum. Wir waren etwas benommen und fanden uns nicht sofort zurecht.
Die Hunde hatten etwas wahrgenommen, was bei uns überhaupt noch nicht angekommen war. Hunde und Katzen spüren energetische Veränderungen, noch bevor Geräusche oder Gerüche wahrnehmbar sind.

Im Märchen von Brüderlein und Schwesterlein sind die beiden Kinder großen Gefahren durch eine Zauberin ausgesetzt. Als sie Durst haben, fließt da ein Bach. Der Junge will trinken, doch die Schwester spürt, dass das kein normaler Bach ist: Wer daraus trinkt wird ein Reh! Wie würde sich so eine Verwandlung wohl auswirken? Gehen wir davon aus, dass die Bilder metaphorisch sind. Wer ein Reh wird, mag schnell laufen können, ist aber ziemlich schutzlos und hat viele Feinde.
Feinwahrnehmung ist natürlich nicht nur eine angenehme Gabe. Du siehst die vielen Wirklichkeitsschichten, die eine Person umgeben, du nimmst die Fassade wahr und das, was dahinter schlum-

mert oder auszubrechen droht. Wenn du vielen Menschen begegnest, kann das zur Qual werden. Wer will schon alle Probleme, alle Schmerzen, all die passive Gewaltbereitschaft wahrnehmen, die Menschen mit sich tragen.
Wahrnehmung zu schulen ist eins, Grenzen ziehen zu können und die Feinwahrnehmung abzuschalten, ist die große Kunst, die es dazuzulernen gilt.

Die Wahrheit aus Menschen herauszulocken, ja manchmal auch herauszupressen, war schon immer das Ziel von Vorgesetzten, Gerichtspersonen, Behörden und auch Politikern (die es mit der Wahrheit allerdings selbst nicht so genau nehmen). Es gibt Menschen, die so gut lügen können, dass sie alle überzeugen, und es gibt auch Menschen, die die Wahrheit so unbeholfen rüberbringen, dass ihnen niemand glaubt. Unter Druck entsteht sowieso kaum eine ehrliche Antwort oder eine wahre Geschichte, auch wenn der amerikanische Präsident meint, Folter sei eine gute Sache, um Menschen zur Wahrheit zu zwingen. Die Geschichte der Hexenprozesse zeigt, wie willkürlich, grausam und vernichtend die »peinliche Befragung«, die »Hexenproben« waren. Da kam es dann schon vor, dass eine Frau unter der Folter zugab, ein Kälbchen mit Sauerkraut zu Tode gehext zu haben. Absurd, wie die Anklagen und die Geständnisse auch waren, sie erregten kaum Misstrauen oder gar Widerstand bei den Gerichtspersonen.

Im Schamanismus der sibirischen Evenken und Tschuktschen gibt es die absolute Wahrheit gar nicht. Was erzählt wird, geschieht und ist folglich ein Teil der wahrhaftigen Wirklichkeit. Es gibt keine Vergangenheit und keine Zukunft, weil alles jetzt geschieht und

jetzt ausgelöst wird. Jeder Mensch agiert im Geflecht der eigenen Wahrheit und kann deshalb von anderen nicht verurteilt werden, weil diese die Wahrheit der anderen vielleicht gar nicht wahrnehmen können.

Es gibt das Weltenmodell: Unterwelt mit den DämonInnen, Mittelwelt, wo die Menschen mit der Natur leben, Oberwelt – hier leben

die SchamanInnen-Mütter und die Hilfsgeister. Die Menschen sind vielfältigen Energien ausgesetzt, die sie irgendwie aufnehmen und verarbeiten. Niemand würde sagen: Geister gibt's nicht! Weil wir doch wissen, dass es zwar Menschen gibt, die Geister nicht wahrnehmen, dass diese Geistwesen aber auf die Wahrnehmung der Menschen – natürlich – nicht angewiesen sind. Ob wir das Weltall erforschen oder nicht, ob wir die fernen Galaxien wahrnehmen oder gar verstehen – sie sind da. Unsere Wahrnehmung ist so eingeschränkt, dass uns das allermeiste des Universums, der Natur, ja das meiste von uns selbst verborgen bleibt. Alles was wir tun können, ist die Wahrnehmung von allen Impulsen zu schulen, die uns umgeben.
Da wir alle MeisterInnen der Magie der Verhinderung sind und uns mehr damit beschäftigen, Phänomene, die wir nicht kennen, als nicht wahr oder wirklich abzulehnen, geht es natürlich auch darum, die Magie der Verhinderung zu erkennen und zu wandeln – in die Magie der Wahrnehmung.

SPIELMÖGLICHKEIT

Nimm dir eine kleine Auszeit an einem ruhigen Ort und schließ die Augen. Jetzt kannst du versuchen, einen Weg, den du sehr oft gehst, in Gedanken nachzuvollziehen und möglichst genau alle Einzelheiten dieses Wegs zu sehen. Wie ist der Boden? Was gibt es für Häuser? Welche Türen, Fenster, Läden usw.?

Oder du stellst dir dein Zimmer/Wohnzimmer/Schlafzimmer vor – es ist erstaunlich, wie ungenau unsere Wahrnehmung selbst der vertrautesten Räume und Wege ist. Wenn du diese Imagination machst, schulst du nicht nur deine Fantasie, dein Vorstellungsvermögen, sondern auch die Genauigkeit deiner Wahrnehmung, denn du wirst überprüfen wollen, was dir in deiner Imagination gefehlt hat, wo du dich nicht genau erinnern konntest.

Weiblich

Meine erste Göttin war meine Puppe Irmi. Mein erstes Ritual war das Baderitual am Samstag: zuerst die Oma, dann die Mutter und dann wir beiden Schwestern. Nach dem Baden wurden wir warm eingewickelt und durften mit den Puppen spielen. Sie hatten Porzellanköpfe, Mutti's beste Freundin Miggi hatte ihnen Kleider genäht, Oma hatte ihnen Strumpfhosen gestrickt, wir hatten so ähnliche, sie kratzten. Am Samstagabend wurden die Puppen wieder in eine Schachtel gelegt, bis zum nächsten Samstag. Kostbar, besonders war das.
In den Fünfzigerjahren gab es zwar das »Fräuleinwunder«, vor allem in Amerika, wohin viele junge Frauen ausgewandert waren, doch so ein Diktat der Schönheit und Gleichheit, wie wir es heute erleben, gab es nicht. Ältere Frauen trugen oft Kopftücher und Kittelschürzen, und weil so viele Männer im Krieg gestorben oder in Gefangenschaft waren, gingen viele Frauen arbeiten. Meine Mutter hatte ihren gewalttätigen Mann schon nach wenigen Jahren rausgeworfen, und so wuchsen wir in einem Frauenhaushalt auf. Wenn ich Probleme hatte, setzte ich mich auf das Dach einer Polsterei, wo meine erste Beraterin Elisabeth wohnte. Ich erzählte ihr alle meine Sorgen, alles, was mich bewegte, und sie stärkte mich.

Natürlich sagten alle in meiner Familie, dass ich mir die nur »einbildete«. Es dauerte eine Weile, bis ich begriff, dass eine gute Einbildung wichtiger ist als eine mittelmäßige Ausbildung, so wie sie in der Schule vermittelt wurde.

Frauen waren für mich die Lebensgrundlage. Männer kamen vor, auch in meiner Familie, als Partner von Tanten und als Cousins, doch hatten sie diesen Sonderstatus: Wenn sie zu Besuch kamen, wurden sie hofiert, Oma sprach sie nie direkt an, sondern fragte beispielsweise meine Tante, ob »er«, ihr Mann, der ziemlich stumm dabeisaß, ein Bier wolle. Die Gewalt des Vaters lag wie ein Schatten über meiner Kindheit, doch hatte er die Macht nicht, mich zu brechen, obwohl wir ihn immer noch in den Ferien besuchen mussten. Schließlich weigerten wir uns. Natürlich erfuhren wir in der Schule weder etwas von Göttinnen noch von den Frauen der

frühen Geschichte der Menschen, die »Vorgeschichte« genannt wurde, vermutlich weil sie vor der Männerherrschaft lag. Allerdings währte diese recht balancierte Zeit zwischen Mensch und Natur mehrere Millionen Jahre, wie wir heute wissen, bis der patriarchale Fortschritt und das Ende der Selbstbestimmung von Frauen die Menschheit an den Rand der Vernichtung trieb. Wir erfuhren auch nichts über die Vernichtung von Ketzern, Juden und weisen Frauen, die seit dem frühen Mittelalter im Gang war, um der Kirche den allumfassenden Einfluss über die Bevölkerung zu garantieren.

Anfang der Siebzigerjahre gründete ich mit einem Frauenkollektiv den Verlag »Frauenoffensive«, der mein Leben veränderte und mich auf die Spur der Frauengeschichte und der Göttinnen brachte. Für ein Magazin, das im Verlag herauskam, recherchierte ich über die Inquisition und mir wurde zum ersten Mal klar, dass Frauen nicht nur massenhaft vernichtet wurden, sondern dass uns auch unsere Geschichte und die Möglichkeit, Wissen zu erwerben, gestohlen wurde. Hatte es im frühen Mittelalter noch Handwerksgilden von Frauen, vermögende Gräfinnen und Gutsbesitzerinnen gegeben, Beginenhäuser für Frauen, die zusammenleben, aber nicht ins Kloster gehen wollten, Mystikerinnen und Kaiserinnen, so wurde mit der Herrschaft der Kirche, katholisch wie protestantisch, Macht und Einfluss und Heiltätigkeit von Frauen gebrochen, indem mit absurdesten Vorwürfen zigtausende von ihnen umgebracht, ihr Wissen in »Klosterbibliotheken« entschärft, ihre Güter von der Kirche eingezogen wurden. Kräuterrezepte, Bierbrauerei, Pflanzenkunde, Heilkunde – von Frauen entwickelt und nun der Obrigkeit unterstellt. Nur noch wer in Domschulen studiert hatte, durfte zum Beispiel einen Heilberuf ausüben. Domschulen waren

Frauen verboten. Erst 1899 wurde in Deutschland die erste Frau für ein Medizinstudium an der Universität zugelassen.
Ich lebte eine Zeit lang in Rom und organisierte mit Dacia Maraini und Franca Rame die erste Frauendemonstration dort. Wir riefen: »Tremate tremate, le streghe son tornate!« (Zittert, zittert, die Hexen sind zurück.) Hekate galt in Italien, besonders in Sizilien, als Mutter aller Hexen, aller weisen Frauen. Sie wurde von Heilerinnen und Zauberinnen dazugerufen, wenn ein Problem gelöst werden sollte. Hekate, die dreifache Göttin: Hekau, ursprünglich aus Afrika, ihr Name bedeutet »Worte der Macht«; Hekat, Muttergöttin aus Kleinasien; Trivia, die Göttin der drei Wege, der Wegkreuzung. Ihre Attribute waren vielfältig: Besen, Fackel, Schlüssel, Schnur, Schale,

die Farbe Schwarz, die Nacht. Ihre Beinamen waren Atropaia, die das Böse fernhält, Chtonia, die Erdmutter, Enodia, die Weg-Göttin, Perseis, das Licht, Propolos, Führerin, Soteira, Erlöserin, Melania, die Dunkle. Ihr zugeordnete Tiere sind der Hund, die Eidechse, die Eule, die Schlange.

Hekate ähnelt im Kult und in ihrer Bedeutung Kali. Einst Göttin an der Schwelle von Leben und Tod wird sie im patriarchalen Zusammenhang mehr und mehr zur Göttin der Dunkelheit, der Zauberei, des Todes. Für Frauen ist sie die Heilerin, die Göttin der Entscheidungen, die Orakellehrerin. Ihr ist auch die Weide heilig, deren Rinde Salicyl enthält, das wir heute im Aspirin kennen. Im Alpenraum wurde sie zur Weidenfrau, zur »Saligen«.

In der »Zeit der Verzweiflung«, wie Silvia Bovenschen und Gabriele Becker die Inquisitionszeit in ihrem gleichnamigen Buch nannten, in der Zeit der Verfolgung von Hebammen, Heilerinnen und sogenannten Hexen, reichte es schon, eine Katze zu haben, Kräuter im Feuer zu verbrennen und zu räuchern, nachts in den Wald zu gehen oder das Bild einer Göttin zu besitzen, um als Hexe verurteilt und verbrannt zu werden. Doch ging es am Ende gar nicht um »Hexen«, sondern darum, eine multikulturelle Gesellschaft auszurotten, um das Prinzip Ursünde, Schuld und Sühne durchzusetzen – das für die Menschen keine Attraktivität hatte. Das Grauen und die Ungeheuerlichkeit der Vernichtung von Frauen und ihrem Wissen berührten mich so sehr, dass ich Anfang der Achtzigerjahre einen dokumentarischen Spielfilm drehte: »Hexen«, der die Geschichte eines Dorfes in der Zeit der Inquisition beschreibt. Der Film ist heute im Filmmuseum München.

Schon seit Ende der Siebzigerjahre begann ich, Darstellungen von Frauen und Göttinnen zu sammeln. Ich finde es bereichernd und beglückend, die vielen Aspekte von Weiblichkeit zu sehen und mich davon inspirieren zu lassen, das Klischee von »Weiblichkeit« abzustreifen und die Lebenswirklichkeit weiblicher Kraft zu feiern. Was bedeutet es, FRAU zu sein? Mütterlichkeit war mir immer zu wenig. Ich bin zwar Mutter einer Tochter und habe mir diese Tochter innig gewünscht, doch ist der Aspekt der Mutter nur einer von vielen aus dem immensen Spektrum weiblicher Kraft, die eben auch die Göttliche, die Heilerin, die Beraterin, die Nahrungskundige, die Erfinderin, die Handwerkerin, die Orakelkundige, die Gestalterin, die Ausgleichende, die Schriftgelehrte, die Zornvolle, die Zerstörerin, die Liebende, die Zauberin und vieles andere beinhaltet.

Der reduzierten Form der Weiblichkeit – Germaine Greer nannte das einmal »weiblicher Eunuch« – steht in der Geschichte der

Frauen ein Ozean voller Bedeutungen, Kräften, Künsten, Fähigkeiten entgegen, die wir wieder entdecken und für uns erobern. Die »neue Inquisition« besteht darin, Frauen und ihr Wissen zu entwerten, indem man sie und ihre Tätigkeiten als »unwissenschaftlich« und damit als wertlos bezeichnet. Mag sich die Wissenschaft auch tausendmal geirrt haben – die Frau, die im Mond besondere Kräfte spürt, die mit Bäumen spricht oder im Wasser Weisheit findet, die in Wolken kleine Völker weiß und die Regen rufen kann (Zufall, natürlich), ist so lange im Abseits, bis ein Mann sie bestätigt. Allerdings reicht es nicht, dass dieser Mann eine schamanische Ausbildung hat, er muss schon studiert haben, am besten noch mit einem Doktor- oder Professorentitel als Abschluss. Die Regeln des Herrenclubs sind streng. Frauen werden aufgenommen, doch müssen sie sich den wissenschaftlichen Kriterien beugen, mögen die auch noch so absurd sein und sich irgendwann als falsch herausstellen.

Frauen mögen seit Urzeiten mit Bäumen kommunizieren und ihre Verbindungen wahrnehmen, erst Peter Wohlleben hat mit seinem Buch »Das geheime Leben der Bäume« die wissenschaftliche Anerkennung für die Kommunikation mit Bäumen eröffnet. Der SWR hat ihm auch sogleich eine Sendung spendiert: »Der mit den Bäumen spricht«. Solange »nur« Frauen mit Bäumen sprachen, sie umarmten, für sie kämpften, blieb das Ganze esoterischer Quatsch. Und das ist übrigens ein beliebter Begriff zur Disqualifizierung weiblicher Tätigkeiten: esoterisch!

Seit ich mich mit Göttinnen beschäftige, hatte ich immer die Vorstellung, dass es wunderbar wäre, ein Göttinnenhaus zu haben und diese vielen Aspekte der Weiblichkeit in einem Haus, einem Raum, in einem ureigenen kleinen Universum zu versammeln. Ich fing mit wenigen Göttinnenfiguren auf einer Kommode an, dann hatte ich jahrelang in meiner Wohnung ein Göttinnenzimmer, in dem ich Darstellungen von Frauen, von Göttinnen versammelte und allein oder mit Freundinnen räucherte, Rituale feierte und Orakel machte.

Vor zehn Jahren schließlich entdeckte ich in Portugal, am Rand eines Dorfes, die Ruine eines kleinen Gehöfts, die ich unglaublich günstig kaufen und selbst mithilfe eines Arbeiters renovieren konnte. Dieser umgebaute Stall ist nun das Göttinnenhaus, von dem ich immer geträumt hatte (Besuch nach Vereinbarung). Diese Versammlung von Göttinnen, von weiblichen Symbolen und Attributen, von Darstellungen mythischer, magischer, bodenständiger weiblicher Kraft bereichert mein Leben und mein Gefühl für meine eigene Frauenkraft.

SPIELMÖGLICHKEIT

Leg eine kleine Gedenkstätte für Frauen an, die du in deinem Leben besonders oder wichtig empfindest. Das kann irgendwo draußen in der Natur sein oder in deinem Zimmer. Du kannst zum Beispiel für jede Frau, die du ehren willst, einen Stein ablegen, auf den du ihren Namen schreibst.

Wünschen und Wunder

In der Zeit, als das Wünschen noch geholfen hat ..., so heißt es doch oft in Märchen. Was war das wohl für eine Zeit? Wie haben die Menschen das hinbekommen, dass sie wünschen konnten und diese Wünsche auch wahr wurden? Es ist keine Zeit, in der das geschieht, sondern es ist ein Raum. Es gibt ja immer noch Menschen, die wünschen und deren Wünsche wahr werden. Es hat nichts mit »früher war alles einfacher« oder »früher hatten die Menschen noch Zugang zu Magie« zu tun, sondern damit, entschlossen die nicht definierten Räume spiritueller Wirklichkeiten aufzusuchen und sich in diesen Räumen, in diesem Seins-Zustand den vielen Möglichkeiten einfach hinzugeben, die in der Welt der rationalen Menschen »Wunder« heißen.

Erstaunlich oft liest man doch von »Wundern«, die geschehen sein sollen. Da war jemand schwer krank, die Ärzte hatten diese Person aufgegeben. Ärzte sind nun nicht bekannt für ihre blühende Fantasie und auch nicht dafür, Unmögliches einzuladen. Sie stellen ihre Diagnosen, haben ein Spektrum von Wahrscheinlichkeit im Kopf und sprechen nicht selten aus, was ich einen Fluch nennen würde: »Sie haben noch drei oder vier Wochen/Jahre. Es gibt keine Aussicht auf Heilung!«

ich lebe vom wünschbaren
und nicht von den
Schatten die mit Codes
und Passwörtern vorbei
treiben

In der Berufsauffassung von Ärzten ist Klartext ein wesentlicher Bestandteil der Diagnose, schon wegen der Versicherungen. In Deutschland wird gern prozessiert. ÄrztInnen müssen sich absichern. Da werden sie vorsichtshalber nicht von Wundern sprechen. Gibt es Wunder? Sind Wunder nicht die logische Folge von überwältigender Hingabe an das allumfassende große Ganze? An die Energien in und außerhalb des Körpers, die unvorstellbar eigenständig arbeiten, wenn wir sie nur lassen. Im Fall einer Wunderheilung heißt das, dass diese Heilenergien mit Freude, mit Begeisterung, mit guter Nahrung und Glückseligkeit genährt werden. Wie lange man dann noch lebt, ist eigentlich unerheblich, denn jeder Augenblick des Glücks zählt. Ich erlebe gerade so eine Lebensfreude bei einer Frau, die ich seit Kindertagen kenne. Sie ist an Krebs erkrankt, hat überall im Körper Metastasen, kann nicht mehr essen, muss künstlich ernährt werden. Sie liegt aber nicht in einem Krankenhausbett, sondern trägt ihre Hilfsmittel am Leib und gibt sich dem Leben hin wie nie zuvor und womöglich wie niemand anderes. Sie genießt die Sonne, den Regen auf der Haut, den Geruch der Erde. Sie kam schon zum zweiten Mal zum gemeinsamen Singen und hat die Prognose der Ärzte bereits um Jahre überlebt. Es klingt wie ein Wunder. Doch vielleicht ist das, was wir Wunder nennen, das Ergebnis der Hingabe an Energien, die wir weder sehen noch hören noch beweisen können, die aber da sind und sich mit uns zusammentun, wenn wir sie nur lassen und ihnen vertrauen.

Der Körper kann viele Probleme selbst lösen, viele Unebenheiten selbst ebnen und viele Krankheiten selbst heilen. Wir fragen allerdings nicht zuerst den Körper, ob er das allein bewältigt oder Hilfe braucht, wir gehen gleich zu den ExpertInnen und glauben ihnen mehr als uns selbst.

Was ist denn das für ein Raum, für ein Zustand, in dem das Wünschen noch hilft? Das Tor ist die genaue Wahrnehmung, der Eingang ist das Vertrauen, der Aufenthaltsraum das Entzücken. Ganz konzentriert in der eigenen Kraft, im eigenen Energiefeld, entdecken wir die vielen Möglichkeiten und lassen sie zu.
»Maria hilf, dass mein Enkel das Abitur schafft!«, steht auf einem Wunschzettel in Altötting in der runden Kapelle. »Irmingard hilf, dass mein Kind nicht stirbt!«, kann man auf einem Wunschzettel hinter dem Altar der Kirche auf der Fraueninsel lesen. Es sind oft Frauen, die Wünsche aussprechen und nicht selten gelten diese Wünsche anderen, geliebten Menschen. Es scheint, dass die Wunschkraft stärker ist, wenn wir für andere wünschen. Doch ist es wichtig, auch für sich selbst zu wünschen, das Wunder auch für das eigene Leben einzuladen. Denn wer selbst Liebe und Lebenslust fühlt, kann sie auch an andere weitergeben.

Was wünsche ich? Darf ich das? Ist das nicht egoistisch? Vor das Wünschen hat die Magie der Verhinderung den Zweifel gesetzt: Das funktioniert sowieso nicht! Sprechen darf man überhaupt nicht darüber, denn wenn man anderen sagt, dass Wunder eigentlich in der Natur vorgesehen sind, dass sie etwas ganz Selbstverständliches sind, wenn wir sie nur zulassen, dann gibt es meist einen Sturm der Empörung. Menschen wehren sich gegen den Fluss der natürlichen Energie, gegen die Möglichkeit der Glückseligkeit, gegen das Aufatmen in der allgemeinen Verkrampfung. Es darf nicht leicht sein, man darf nicht wünschen, dass sich alles löst, man muss es selbst bewerkstelligen, sei man auch noch so unfähig dazu. Wer sich's leicht macht, erregt das Misstrauen anderer: Oberflächlich! Anmaßend! Unverschämt.

Was ist aber oberflächlich daran, dass ich den Strom universeller Energie entdeckt habe und in ihm, auf ihm surfe, glückselig in der Umarmung der wunderbaren Kraft? Ich würde sogar sagen, ein Mensch, der den harten, beschwerlichen Weg geht, der darauf gepolt ist, immer wieder Hindernisse mit dem größtmöglichen Kraftaufwand zu überwinden, macht es sich leicht. Denn das ist die Gehirnwäsche, der wir durch die Religionen ausgesetzt sind, und wenn wir diese Regeln befolgen, dann sind wir brav, dann liebt uns dieser Gott, wo auch immer der sein mag. Die Liebe dieses Gottes ist ohnehin eine seltsame Sache. Er lässt Folter, Mord und Krieg zu, er weidet sich anscheinend an den Qualen und Tränen der Menschen. Sie eilen in die Tempel und Kirchen und leiden, und er schaut zu.
Wenn wir uns entschließen, unser Leben durch Wünsche zu gestalten – und damit meine ich nicht das dreißigste Paar Schuhe oder wahnsinnig viel Geld – wenn wir anfangen, das Leben auf feinste Weise in unseren Wünschen wahrzunehmen und uns zur Erfüllung dieser Wünsche dehnen, fallen Hindernisse oft mühelos weg. Oder wir überwinden sie, weil wir so begeistert, so motiviert sind, ohne die Mühe wahrzunehmen, die sie uns vielleicht abverlangen würden.

Gibt es so etwas wie »falsche« Wünsche? Ich kenne viele Frauen, die sich Liebesbeziehungen wünschen, ohne sich genau zu überlegen, was das am Ende für sie bedeutet, oder ob der gewünschte Mann überhaupt zu ihnen passt. Vor Angst allein zu bleiben, wäre dann irgendwie auch der lieblose, unaufmerksame, feindselige Mann noch recht. Wir sollten uns sehr genau überlegen, was wir wünschen, denn das Problem mit Wünschen ist nicht, dass sie

nicht in Erfüllung gehen, sondern dass sie in Erfüllung gehen, mit allen Konsequenzen.

Es gibt da diese Geschichte vom Fischer und seiner Frau, die nie genug bekommen kann. Tatsächlich sind es oft Frauen, die aus der alltäglichen Frustration heraus, aus dem Nichtgesehenwerden ständig neue Wünsche produzieren, die aber nie zu einer Befriedigung führen. Wer sich wünscht, reich und berühmt zu sein, hat wohl nie die Lebensgeschichten reicher und berühmter Leute genauer angesehen und rechnet nicht damit, dass dann auch die

Kehrseite der Medaille aktiv wird, die Sorge, wie das Geld gut angelegt, wie der Reichtum gut verwaltet, wie man nicht betrogen und bestohlen wird. Wie es sich anfühlt, immer angestarrt und fotografiert zu werden, wie man damit fertig wird, dass man die alten FreundInnen verliert, weil sie mit dem neuen Lebensstil nicht mithalten können usw.

Wünschen ist eine Kunst, die erlernt werden kann. Die Voraussetzung für sinnvolles Wünschen ist erst einmal Gelassenheit. Das scheint paradox. Denn Wünsche erzeugen ja eine innere Unruhe. Um gelassen bleiben zu können, ist es gut, BeraterInnen und Hilfswesen zu kennen. Wer gute Verbindungen hat zu anderen Wirklichkeitsebenen und den Wesen, die sich darin aufhalten, kann brisante Situationen gut durch Gelassenheit ausgleichen.

Wenn in meinem Leben etwas schier Unüberwindliches auftaucht, steige ich aus dem alltäglichen Ablauf aus und nehme Kontakt mit meinen Helferwesen auf. Diese Helferwesen habe ich im Lauf meines Lebens auf unterschiedliche Weise kennengelernt. Manche habe ich gerufen, manche sind von selbst zu mir gekommen. Das in unseren Breiten bekannteste Helferwesen ist Maria, die Gottmutter. Frauen machen keine Kurse, um zu lernen, wie sie ihr nahe kommen. Sie rufen sie einfach an. Sie gehen in Kapellen und Kirchen oder in den Wald und nehmen ganz spontan und vertrauensvoll Kontakt mit ihr auf. Genauso geht es natürlich auch mit Göttinnen oder mit Hilfsgeistern wie Tieren und Pflanzen. Wir rufen sie. Wir bitten sie. Wir setzen uns vor ein Bild von ihnen und sinken in die Energie ein. Vielleicht ist so ein Tier oder eine Pflanze in unserer Nähe, dann nehmen wir ganz körperlich Kontakt auf. Wie ich schon oft beschrieben habe, würde ich eine Pflanze nicht

ausreißen und mitnehmen, um mich mit ihrer Kraft zu verbünden. Eher berühre ich sie, schmecke sie mit der Zunge, versetze mich meditativ in ihre Energie.
Viele Menschen leben mit Pferden, Katzen, Hunden oder anderen Tieren. Für mich bedeutet das immer, dass diese Tiere auch ihre Helferwesen in den nicht körperlichen Ebenen sind. Meine schon lange verstorbene Katze Tiga begleitet mich bis heute als spirituelle Energie, ich spreche und berate mich mit ihr.
Manchmal, besonders in Trancen oder Fantasiereisen, kommen auch Wesen, die man gar nicht gerufen hat, die verstorbene Großmutter oder ein unbekanntes Geistwesen. Für die nicht körperliche Wirklichkeit gilt, was auch im Alltag gilt: Wenn ich jemanden, einen Menschen oder ein Tier, nicht mag, kann ich mich abgrenzen und die entsprechende Energie wieder wegschicken.

Wie können Wünsche auf den Weg geschickt werden? Man kann sie auf Zettel schreiben und an einen Wunschbaum hängen, wie es in Japan oder in Anatolien der Brauch ist. Man kann sie auch an einem besonderen Ort, vielleicht an einem kleinen Hausaltar oder in einem magischen Gefäß wie dem AhnInnentopf aufbewahren und aufladen. Zum Wünschen gehört unabdingbar dazu, dass man, ergibt sich die Gelegenheit, auch aktiv wird.
Ich habe immer wieder einen Ort für meine Göttinnenfiguren imaginiert und auf Wunschzetteln beschrieben. Spielerisch, nie verbissen. Sobald der Wunsch aufgeschrieben war, habe ich ihn losgelassen. Ein Spiel eben. Als ich die Möglichkeit bekam, diese Ruine in Portugal zu kaufen, musste ich aber auch den Mut haben, die Verwirklichung des Wunsches nun selbst in die Hand zu nehmen. Ich warf alles, was ich hatte, in den Kauf des Gehöfts, und es gab in

meiner Umgebung natürlich auch die Mahnungen: Was ist, wenn es nicht funktioniert, wenn du dich dort dann nicht wohlfühlst, wenn es zu weit weg ist usw.? Ich ließ mich auch von meinen eigenen Zweifeln nicht beirren. Und das Wagnis gelang – Wunsch erfüllt, alles gut.

SPIELMÖGLICHKEIT

Der Vollmond in jedem »festen« Sternzeichen – das sind Stier, Löwe, Skorpion und Wassermann – gilt als Wunschmond, das heißt also, ein Vollmond ungefähr zwischen 20. April und 20. Mai, zwischen 20. Juli und 20. August, zwischen 20. Oktober und 20. November und zwischen 20. Januar und 20. Februar kann zum Wunschmond werden.
Konzentriere dich auf den Wunsch, der keine Personen einbeziehen darf, denn du kannst nicht in das Leben/ in die Bedürfnisse anderer Menschen eingreifen. Dann kannst du in der Vollmondnacht hinausgehen (notfalls auch auf den Balkon) und deinen Wunsch dem Mond sagen oder singen.

Weisheit

Ein Besuch bei drei Göttinnen

»Hast du eine Einladung?«, fragte mich an der Tür eine Frau, die ich hier noch nie gesehen hatte.

»Wozu brauche ich eine Einladung?«, fragte ich. »Ich bin eine Freundin von Kore.«

Die Frau lachte träge:« Jaja, das sagen natürlich alle.«

Ich wurde zornig. »Was ist hier überhaupt los? Seit wann geht es hier so elitär zu? Seit wann gibt es hier so einen Andrang und Einladungen und alles?«

»Schon immer«, sagte sie. »Falls du mal so durchgekommen bist, hattest du einfach Glück.«

»Wenn ich hier eine besondere Erlaubnis brauche, wenn hier nicht jede Frau rein kann, dann will ich gar nicht rein«, sagte ich, drehte mich um und wollte gehen.

»Hallo!«, sagte Kore.

Ich winkte ihr zu.

»Komm rein«, sagte sie.

»Keine Lust«, sagte ich. »Ich steh nicht auf Elitegrüppchen.«

»Lässt du jede Frau bei dir zu Hause rein, nur weil sie eine Frau ist?«, fragte Kore.

Ich dachte an Ella. Ella hatte gelegentlich schizophrene Schübe. Dann kam sie zu mir und schlug meine Teller kaputt oder zog sich nackt aus und wollte mit dem Hausmeister schlafen.
Ich dachte an Rosa, die fand, dass ich zum Kotzen privilegiert sei, sie klingelte und wollte Geld oder ich sollte wenigstens ihre Gedichte drucken.

»Was ist los?«, fragte Kore. »Sind alle Frauen heilig?«
»Frauen sind gar nicht so ...«, fing ich an.
»Anders sind sie aber auch nicht«, sagte Kore.
»Ich glaube, du weißt worum es geht«, sagte ich.
»Nein«, sagte Kore scheinheilig, »worum geht's?«
»Frauen wurden jahrhundertelang ausgegrenzt, ausgenutzt, betrogen, vergewaltigt, umgebracht, verbrannt, aus allen Berufen vertrieben, als Serviceeinrichtung konditioniert. Frauen sind nicht die besseren Menschen, aber sie müssen ihre Rechte als Menschen wieder bekommen.«
»Sie nutzen ihre Rechte nicht«, sagte Kore. Sie lehnte am Türstock und lächelte.
»Ob sie diese Rechte nutzen oder nicht, ist zweitrangig«, beharrte ich. »Sie müssen diese Rechte zuerst einmal wieder haben.«
»Es gibt ein Gesetz gegen Gewalt in der Ehe, in der Familie, doch kaum eine Frau zeigt ihren gewalttätigen Mann an. Und wenn jemand anders ihn anzeigt, dann steht die Frau zu ihrem Mann und sagt nicht gegen ihn aus. Nimmt ihn zurück und lässt sich wieder schlagen.«
»Du weißt warum«, sagte ich. »Die Konditionierung ist: Ich bin nichts wert. Ich muss froh sein, wenn überhaupt einer bei mir bleibt.«
»Der Konditionierung stehen Informationen gegenüber. Jede Frau kann ihr Programm verändern. Was in der Kindheit passiert ist, ist eine Sache, eine andere ist, erwachsen zu werden und das Leben selbst zu gestalten. In-Formation – durch Wissen neue Form finden.« Kore blätterte durch die Briefe, die die Pförtnerin entgegengenommen hatte. »Das scheint überhaupt dein Problem zu sein«, sagte sie und zerriss einen Umschlag auf den ein Regenbogen und

eine Sonne gemalt waren. »Du kannst Frauen nichts übel nehmen, jede Frau nimmst du in Schutz, für jede, auch wenn sie noch so grausam ist, findest du eine Entschuldigung.«

»Nicht für jede«, sagte ich. »Nehmen wir dieses Paar, das zwei junge Mädchen getötet hat. Der eiskalte Mann, dem die Frau hörig war, bekommt fünfzehn Jahre. Sie, hilflos ihrem Selbsthass ausgeliefert, ohne Selbstwertgefühl, bekommt wegen besonderer Grausamkeit lebenslänglich. Die Opfersituation der Frau in dieser Ehe wird nicht gesehen. Außerdem wird sie besonders bestraft, weil ausgerechnet sie, die Frau, so grausam ist, die doch eigentlich liebevoll, hingebungsvoll und mitfühlend sein muss. Vom Mann erwartet ja kein Mensch Mitgefühl für seine Opfer.«

»Damit«, sagte Kore, »kannst du dann aber jede Grausamkeit von Frauen entschuldigen. Sie können ja nichts dafür, weil sie kein Selbstwertgefühl haben. Sie sind ja so konditioniert. Damit sprichst du Frauen Verstand, Verantwortungsgefühl und Selbstbestimmung ab. Damit sagst du: ›Frauen sind nicht lernfähig. Sie sind nicht zurechnungsfähig!‹«

Das saß.

»Komm rein«, sagte die Pförtnerin.

Im Garten zwischen Granatapfelbäumen, Orangenbäumen und Hibiskus saßen Demeter und Hekate.

»Wir sprechen nicht über Politik«, sagte Demeter, »verschont mich mit Nachrichten aus der Unterwelt.«

»Du bist so harmoniesüchtig, Mutter!«, sagte Kore und kratzte die roten Kerne aus einem Granatapfel.

Hekate vernähte ein kleines Beutelchen.

»Darf ich dir meine Familie vorstellen« – Kore deutete auf Hekate: »meine Großmutter, die Meisterin aller Zauberkünste. Meine Mut-

ter, Demeter«. Sie hauchte einen Kuss auf Demeters Wange. »Sie ist ein bisschen überbesorgt und sehr nachtragend ...«
»Was machst du da eigentlich Großmutter?«, fragte sie Hekate und beugte sich über das Beutelchen.
»Ich habe dir einen Kraftbeutel genäht, falls du mal wieder mit diesem Jungen losziehst, du weißt schon ...«
Kore lachte: »Da brauche ich so was nicht.«
»Das haben wir gesehen«, rief Demeter, »ich bin fast gestorben als du mit ihm verschwunden warst.« Demeters Gesicht versteinerte.
»Mutter, wann werdet ihr aufhören, euch in meine Geschichte einzumischen! rief Kore ungeduldig.«

»Deine Geschichte ist auch ein Teil unserer Geschichte«, sagte Hekate. »Und Gewalt dulden wir nicht.«

»Das muss ich selbst bewältigen«, sagte Kore. »Ich möchte nicht immer Mutter und Großmutter hinter mir haben«.

»Wir haben Erfahrung, diese Erfahrung kann dir nützlich sein«, mahnte Demeter.

»Nein, Mutter! Ich muss meine eigenen Erfahrungen machen. Misch dich nicht in mein Leben ein und dramatisiere immer alles.«

»Wäre es dir lieber, wenn sich deine Großmutter einmischt?«, fragte Demeter mit einem maliziösen Lächeln.

»Um Himmelswillen! Bloß nicht!«, rief Kore.

»Möchtest du Granatapfelsaft?«, fragte mich Hekate.

»Großmutter! Sie ist meine Freundin!«, rief Kore.

»Was ist mit dem Saft?«, fragte ich.

»Kommt drauf an, was sie reintut«, Kore kicherte. »Mutter löst alles, indem sie mit ihren Freundinnen, den Elementen, den Tieren, den Pflanzen Konferenzen abhält. Großmutter löst alles mit Giften und Substanzen, die unterschiedlichste Wirkungen im Körper entfalten. Und beide wollen nicht verstehen, dass ich mein Leben ohne ihre Hilfe leben will.«

»Doch, wir verstehen dich schon«, sagte Hekate freundlich und reichte Kore den Beutel. »Doch warum willst du auf die Erfahrung anderer Frauen verzichten? Vor dir haben Frauen gelebt, nach dir werden Frauen leben. Die Erfahrung der Frauen ist doch nur dann sinnvoll, wenn sie eine Kontinuität ergibt, wenn jede Frau sich davon nähren kann. Es muss doch nicht jede die Welt neu erfinden!«

Das leuchtete mir ein.

»Aber ich will die Welt für mich neu erfinden«, sagte Kore.

»Ich mache jetzt das Essen«, sagte Demeter.

»Gut, ich helfe dir«, sagte Kore.
Ich wollte aufstehen.
»Bleib hier«, sagte Hekate«, ich habe noch ein Wörtchen mit dir zu reden.«
»Worüber?«, fragte ich unruhig.
»Über die Gewalt, die Gemeinheit, die Hinterlist und die Zerstörungskraft von Frauen«, sagte sie.
»Ich kenne sie«, sagte ich lahm.
»Du musst dich nicht nur mit dem Potenzial in dir selbst beschäftigen, sondern auch lernen, es bei anderen Frauen zu erkennen und dich dagegen abzugrenzen.«
»Ja, ich weiß«, sagte ich, »das ist aber nicht mein Hauptproblem.«
»Nein«, sagte Hekate und lachte rau. »Das wird dich nur umbringen, wenn du dich dieser Kraft nicht endlich stellst.«
Sie hob mein Gesicht an, und ich musste in ihre Augen schauen. Ihre dunklen Augen wurden zu tiefen Seen, Schreie stiegen daraus hervor wie Luftblasen, giftige Dämpfe wehten mich an. Ich begann zu zittern, die Luft war erfüllt von einer mächtigen Energie, die mir die Haare zu Berge stehen ließ. Hass. Blanker Hass. Überall begann es zu flüstern: »Warum du, warum nicht ich? Du hast es gut! Du hast mich verraten! Du hast mir nicht geholfen. Dir gelingt alles und mir nicht! Du hast es besser als ich! Du bist privilegiert! Du weißt gar nicht, wie das ist! So toll bist du gar nicht!«
Ich hob die Hände.
»Keine Bewegung kann das verändern«, sagte Hekate. »Keine kann das für eine andere tun. Das muss jede einzelne Frau selbst tun, jeden Tag. Immer wieder neu.«
»Können wir uns denn nicht gegenseitig helfen und aufbauen?«, fragte ich völlig verunsichert.

»Wenn dir das Spaß macht«, sagte Hekate.
»Hat dir Großmutter ihr Horrorkabinett schon gezeigt?«, rief Kore lachend aus der Küche und brachte einen Früchtekorb.
»Das schafft ihr nicht«, bäumte ich mich auf, »egal, wie gemein und grausam Frauen sein können …«
»Ja?«, fragte Kore.
»Und?«, fragte Hekate.
Der Atem stockte mir. Egal, wie gemein und grausam Frauen sind … Wie gemein und grausam sind Frauen? Waren Frauen? Kön-

nen Frauen sein? Soll ich jetzt, im Zentrum der Göttinnenkraft, Frauen den Krieg erklären? Niemals.

»Egal, wie grausam und gemein Frauen sind«, sagte ich tapfer, »es gibt einen guten Grund dafür, warum sie so geworden sind.«

»Dasselbe trifft auch auf Männer zu«, sagte Kore.

»Es gibt zu viele Männer«, sagte ich. »Niemand kann das lösen. Was sollen sie in der Welt anfangen? Viele Männer, viele Kriege!«

»Es gibt auch zu viele Frauen«, sagte Hekate, »und sie gebären Männer.«

»Es ist wie es ist«, sagte Demeter und brachte einen Auflauf, der nach Fenchel und Kresse roch.

»Es ist wie es ist«, sagte Hekate, »und jede Frau muss sich täglich entscheiden. Entscheidet sie sich nicht, muss sie leiden.«

»Frauen müssen Verantwortung übernehmen«, sagte Demeter und teilte das Essen aus. »Jeden Menschen genau betrachten!«

»Nicht alle über einen Kamm scheren!«, mahnte Hekate.

»Hunger«, sagte Kore. Gerade wollte ich zu essen anfangen.

»Pass auf, was drin ist«, kicherte Kore. »Die Macht der Frauen ist die Zubereitung der Nahrung!«

SPIELMÖGLICHKEIT

Dieses Spiel lässt sich am besten mit Freundinnen machen: Wählt euch Göttinnen aus, die ihr darstellen wollt, entweder aus dem Internet (artedea, Wikipedia usw.) oder aus Büchern (z.B. meinem Buch »Eine Göttin für jeden Tag«). Trefft euch zu einem Göttinnenfest und besprecht die Probleme, die ihr im Alltag habt, aus der Perspektive der Göttin, die jede darstellt. Die Göttin Hekate würde zum Beispiel eine radikale Lösung vorschlagen, während Demeter nährende Impulse gäbe usw. Der Fantasie sind keine Grenzen gesetzt.

Wald und wilde Begegnungen

Alles Leben kommt aus dem Wald und aus dem Wasser. Die Bäume speichern nicht nur Nährstoffe und Wasser, sie speichern auch Erinnerung, sie sind unsere Weltenchronik, die Lungen der Welt und vor allem, jenseits vom Nutzen für Menschen, Wohnraum für Pflanzen und Tiere. Heute wird der Wald gern als Nutzfläche, als Forstwirtschaftspotenzial, als Industriezone gesehen. Doch selbst in den Wäldern des 21. Jahrhunderts steckt so viel Geheimnis und so viel Unerklärliches, dass sich Menschen immer wieder dagegen wehren, Wälder als Nationalparks verwildern zu lassen. Wälder sind geheimnisvoll und für viele Menschen bedrohlich. Wälder sind vor allem auch Wohnorte für magische Wesen wie Feen, Zwerge, Bachnymphen, Moosweiblein, Wildfrauen, für Baumgeister und Kobolde. Und wer denkt, all diese Wesen gebe es heute gar nicht mehr, muss sich nur einmal in einem tiefen, wilden, unübersichtlichen Wald verlaufen …

Heiligtümer der Göttinnen waren in alten Zeiten nie Tempel, sondern Haine. Der Göttin wurden Bäume gepflanzt und sie wurde in Festen und Ritualen im Hain gefeiert. So wurden die Menschen, die die Göttin verehrten, zu den ersten ÖkologInnen. Sie wussten, dass

der Wald, der Hain, jeder einzelne Baum dem Menschen Freude, Gesundheit und Glück schenkt. Der Göttin Nerthus waren Haine heilig und zwischen Eichen und Buchen wurde sie verehrt, ebenso wie die Göttin Tamfana. Im Baum sahen die Menschen, die die Göttin verehrten, den vollkommenen Lebensraum und den Sitz der magischen Kraft.
Sibirische SchamanInnen erreichen ihre größte Kraft nur durch die SchamanInnen-Mutter. Sie sitzt auf der Krone eines Baums und holt die angehende Schamanin zu sich hinauf. Drei Tage und Nächte muss sie nun mit der SchamanInnen-Mutter verbringen, um zu ihrer spirituellen Klarheit zu finden. Die Mutter kann eine Bärin sein, eine Füchsin, eine Wölfin, eine Adlerin, eine Maus – sie zeigt sich nach einer Weile und überträgt ihre Urkraft auf die angehende Schamanin, den Schamanen.

Aah, so ein Waldspaziergang im Industriewald – der Geruch von Diesel, der von den Baumsägen ausgeht! Die tiefen Spuren, die die schweren Maschinen in den weichen Waldboden graben, wenn sie die gefällten Bäume abtransportieren! Dieser Anblick der Stangen mit dem kleinen Büschel Zweige ganz oben! Eine Freude für die Waldarbeiter – einfach hintreten, warten, bis der dünne Stamm fällt, die Rinde abschaben, die ohnehin schon in Fetzen herunterhängt, das Büschel Zweige abhacken, den Stamm in Scheiben schneiden. Fertig. Kein Mensch muss sich mehr fürchten. Die Bäume stehen in übersichtlichen Reihen von Wegen und Vierecksmarkierungen zusammen. Da stört kein krummer, verwachsener Laubbaum. Blöd nur, wenn ein Sturm kommt, da gibt's für die Baumattrappen kein Halten mehr und der Holzpreis sinkt auf niederstes Niveau. Kein blöder Vogel stört mit seinem Gekreisch, keine räuberischen Wölfe oder Bären lauern im Dickicht. Nieder mit dem deutschen Wald, freie Sicht auf Landesgrenzen!

Ich habe mich oft gefragt, warum der Wald überall auf der Welt so radikal zerstört wird. Natürlich gibt es wirtschaftliche Gründe, aber das ist nicht der wahre Grund. Ich glaube, der wahre Grund liegt im frühen Mittelalter, denn da war der Wald Zufluchtsort für Vogelfreie, also Menschen, die von der Obrigkeit verfolgt wurden, für Kräuterkundige, für spirituelle Außenseiter, die mit der Kirche nichts am Hut hatten oder, wie zum Beispiel Hildegard von Bingen, in eine Waldklause gesteckt wurden, um sie von der Welt fern zu halten. Doch war es nicht die gute Luft, die all diese Menschen suchten – sie spürten die Sprache der Bäume auf, sie wurden von Bäumen und den Wildpflanzen, die es in großen Mengen im Wald gab, in eine ganz andere Kommunikation eingeführt, die nicht verbal ablief, sondern über Düfte, über Geschmack, über Töne und die natürlichen Rhythmen, die entstehen, wenn der Wind mit den Bäumen spielt. Es ging nicht um »Kräuterrezepte« oder um »Meditation«, es war ein Austausch zwischen unterschiedlichen Lebewesen mit unterschiedlichen Sprachen und Wahrnehmungsorganen. Zum einen gibt es den allseits bekannten Austausch von Sauerstoff und Kohlendioxyd, der Mensch atmet CO2 aus, die Bäume atmen Sauerstoff aus, so brauchen beide einander, um an das Gas zu gelangen, ohne das sie nicht leben können. Doch es geht weiter – mit dem Atem gelangen auch feinstoffliche Partikel hin und her, Menschen nehmen Baumsubstanzen auf, Bäume nehmen feinste Partikelchen von Haut und anderen Absonderungen von Menschen auf. Es ist eine Hochzeit der ganz besonderen Art, die es im christlichen Glauben nicht geben darf. Immer wieder betonen Pfarrer in

ihren Predigten, dass es Menschen gebe, die Gott im Wald, in der Natur suchten, das reiche aber nicht aus, sie müssten, sozusagen um den wahren Glauben zu leben, auch ins Gotteshaus gehen.

Das ist natürlich für die rationale Gesellschaft, für die Kirche, für monotheistische Religionen eine explosive Erkenntnis: Menschen verbünden und verbinden sich mit Bäumen, leben im Schutz der Wälder und tun was sie wollen, berauschen sich womöglich an den vielen Pflanzen, die es im Wald natürlich auch gibt, mit denen ein veränderter Bewusstseinszustand hergestellt werden kann, von Pilzen über den – gelegentlich sogar tödlichen – Duft der Eiben bis zur anregenden Wirkung von Tannenspitzen und so weiter.

Nicht umsonst gibt es so viele Märchen und Mythen, in denen das Magische, das Geheimnisvolle, ja auch das Gefährliche im Wald stattfindet. Da kommt ein Junge zu einem alten Mann, der ihm eine Stelle anbietet, doch »niemals darfst du in den Wald gehen, denn er ist verzaubert«. Was ist wohl damit gemeint? Wenn er in den Wald geht, erfährt er, dass das Leben mehr zu bieten hat als Kartoffeln, Fleisch und ein Nachtlager. Ist es nicht für jede Obrigkeit zu jeder Zeit unannehmbar, dass es Räume gibt, in denen Menschen nicht aufzuspüren sind? Wälder sind das heute kaum noch. Denn besonders deutsche Wälder sind ausgemessen, gekennzeichnet, überwacht von Förstern, Forstarbeitern, Jägern usw. Und doch gibt es immer wieder WaldläuferInnen und Menschen, die im Wald hausen. So verschwand in der Schweiz einmal eine Frau für zwei Jahre, niemand wusste, wo sie geblieben war. Sie lebte im Wald, und als sie gefunden wurde, war sie überraschend gesund und munter. Ihr fehlte nichts. Wie auch! Sie kannte die Kräuter und Substanzen, die essbar sind, und sie hatte sich in einer Felshöhle eingerichtet. In der Steinzeit lebten alle Menschen so, heute allerdings erscheint uns das unmöglich. Wir haben nicht die Kondition und die Erfahrung. Und natürlich möchten auch die meisten Menschen älter als vierzig Jahre werden.

Im Wald leben den Mythen nach auch die Wildfrauen, die Zauberinnen, die kräuterkundigen Alten. Wer sich im Wald verirrt, kann ihnen begegnen, und wenn sie wollen, helfen sie den Verirrten. Dann gibt es eine kleine Hütte im tiefen Wald, aus dem Schornstein

kommt Rauch heraus, auf dem Herd steht eine köstliche Kräutersuppe – ist es nicht das vollkommene Szenario für NaturschützerInnen, VeganerInnen, TierfreundInnen aller Art? Vor Jahren fürchteten sich die Menschen noch vor der Tollwut, die als eine der grausamsten Viruskrankheiten gilt. Doch sie ist in Mitteleuropa ausgestorben.
Der japanische Regisseur Akira Kurosawa beschrieb in seinem Film »Das Schloss im Spinnwebwald« den Wald nicht nur als einen unheimlichen Ort, in dem man sich verirren kann, sondern auch als magischen Raum. Da erscheint die uralte Spinnerin und weissagt den Männern, die sich hoffnungslos verlaufen haben, grausame Dinge. Der Wald weiß mehr als der Mensch. Er erfährt alles von den Wolken, vom Regen, von der Erde, er rennt nicht umher, sondern bleibt an einem Ort und breitet sich unterirdisch aus. Die Tiere, die weite Strecken laufen, bringen Nachrichten in Form von kleinsten Fragmenten von Substanzen mit, die sie unterwegs in ihrem Fell, an ihrer Haut und ihrem Körper aufgenommen haben. Sie reiben sich an Baumrinden und teilen dem Baum mit, was sie erlebt haben.

Die Menschen bezeichnen die Zeit vor der männlichen Herrschaft, vor der Sprache, als »Vorgeschichte«, obwohl sie im Vergleich zur »Geschichte« unendlich viel länger dauerte. Die Zeit und der Zustand der Kommunikation ohne verbale Sprache ist jedoch reicher und auch umfangreicher. Wir kommunizieren heute in der Regel nur verbal, lernen vielleicht Sprachen, damit wir andere verstehen können, die fern von uns leben. Doch die nichtverbale Sprache wird überall verstanden – falls sie überhaupt verstanden wird. Es gibt immer mehr Menschen, die sich in diese andere Welt der Kommunikation einlassen und zumindest versuchen, diese andere Art der Unterhaltungen, der Mitteilungen wahrzunehmen. Die Zentrale dieser Kommunikation, das Callcenter sozusagen, ist der Wald. Wie kann ein Mensch einen Baum verstehen? Wir haben in unserem Hirn durchaus die Möglichkeit eine Empfindung, ein Geräusch, einen Duft, einen Geschmack in Sprache umzusetzen. Das scheint jenen Menschen (wie mir) leichter zu fallen, die synästhetisch empfinden, also Töne und Zahlen und Buchstaben und Laute in Farben wahrnehmen, die zu Worten Musik hören, die in Mustern Rhythmen erkennen. Als ich ein Kind war, konnte ich darüber nicht sprechen, ich wäre für verrückt erklärt worden. Erst als erwachsene Frau hörte ich zum ersten Mal etwas von Synästhesie. Ich denke, es handelt sich hier um eine alte Schaltstelle, eine steinzeitliche Fähigkeit, die in den Genen noch vorhanden ist und die in unserer durchorganisierten, rationalen, digitalen Gesellschaft zwar keine Vorteile mehr bringt, uns aber hilft, in die alten Verbindungen wieder einzusteigen.

Die Wälder meiner Kindheit sind vermutlich nicht so tief, dunkel und labyrinthisch gewesen, wie ich sie in Erinnerung habe, doch so licht, wie sie heute sind, können sie kaum gewesen sein. Wie ein räudiger Pelz zieht sich oft der »Industrie«wald zwischen flurbereinigten Feldern und Wiesen dahin, um vor einem Maisfeld deprimiert auszulaufen. Der Wald war uns Kindern ein einziges Wunder. In kleine Feenlöcher konnten wir Wünsche hineinflüstern, wir hatten Verstecke für geheime Schätze in diesem unergründlichen Wald. Moorweiher schimmerten dunkel in der Sonne, weiße Seerosen blitzten herüber. Es gab Kröten und Springfrösche, Unken und gelbschwarze Salamander. Wir hockten vor Ameisenhaufen und beobachteten das Treiben. Der Apotheker, Vater unserer besten Freundin, gab uns fünf Pfennige für jeden Blutegel, den wir fingen,

also stellten wir uns ins morastige Wasser des Waldweihers, bis sich ein paar Blutegel festgesaugt hatten. Wir schauten den Mondhornkäfern zu, die wir »Scheißrollkäfer« nannten, und gingen zum Himbeerschlag, wo Kreuzottern, Feldmäuse, Ringelnattern und Hasen lebten, und pflückten Himbeeren, die wir ans Gemüsegeschäft verkauften. Wir sammelten Schachtelhalm für die Oma, die damit Geschirr und Boden wusch, erfreuten uns an den Hüten, die wir aus Blättern der Pestwurz machten. Unbekümmert aßen wir den Waldklee, pflückten Ysop und Huflattich, aus denen die Oma Hustensaft machte. Und immer war da mehr als nur die funktionale Beschäftigung mit dem Wald, mit den Bäumen und Kräutern. Da war ein Wispern und Wehen, da gab es die kleinen Waldkobolde und die Feen auf dem Feenhügel.
Germanen und Kelten gestalteten ihre Göttinnenfiguren aus Astgabeln, die sie im Wald fanden. »Niemand hat ein Recht darauf, dass eine Naturlandschaft so bleibt wie sie war«, heißt es in einem Urteil von 1990, in dem die Klage gegen einen Autobahnbau abgewiesen wird. Mit dem Bau der Autobahn nach Garmisch wurde das größte Feuchtbiotop Deutschlands zerstört, eine urtümliche Moorlandschaft, die neben vielen Orchideenarten Pflanzen und Tiere beherbergte, die es heute gar nicht mehr gibt. Wer etwas über ausgestorbene und aussterbende Tierarten erfahren will, kann den Steinkreis des Landguts Herrmannsdorf in Bayern besuchen. Der Künstler Hannsjörg Voth hat in seiner »Arche« alle ausgestorbenen und aussterbenden Tier- und Pflanzenarten in Steine gemeißelt.

Immer wieder gab es Kinder, die im Wald von Tieren aufgezogen wurden, über den »Wolfsjungen« in Frankreich wurde sogar ein Film gedreht. Das Erste, was den Leute auffiel, die ihn fanden: Er

war der menschlichen Sprache nicht mächtig. Das war also das Erste, was er lernen musste. Dass es womöglich besser gewesen wäre, die Wissenschaftler, die ihn untersuchten und lehrten, hätten versucht, seine Art der Kommunikation und seine Lebensweise zu verstehen, war kein Thema. Da ist es dann doch erfreulich, dass auch Akademiker wie Peter Wohlleben in diese Kommunikation einsteigen und tatsächlich Erkenntnisse daraus gewinnen.

Natürlich lebe ich im 21. Jahrhundert, habe ein Auto, einen Fernseher, fliege mit einem Flugzeug in meine Seelenheimat Alentejo, natürlich genieße ich alle Annehmlichkeiten und Errungenschaften der Technik, doch da ist auch etwas in mir, das mit all dem nicht wirklich glücklich wird, eine Sehnsucht, eine Fähigkeit wahrzunehmen, ein Strom von Impulsen, die überhaupt nichts mit der modernen Welt zu tun haben. Ich gehe barfuß, wo immer es geht, ich springe in jedes eiskalte Wasser, ich gehe in den Wald, um zu singen und zu tanzen. Meine Magie ist nichts als Verbundenheit, Zuneigung, Offenheit für andere Lebewesen, Lust am Ausprobieren von Botschaften, die ich zu empfangen glaube, ja, die ich empfange. Ich spüre, wie die Bäume reagieren, wenn wir im Wald Rituale machen, wenn wir singen und jodeln, wenn wir tanzen und juchzen. Die Vögel fallen oft in unseren Gesang ein, die Baumwipfel wiegen sich, das Moos gluckert. Der vernunftbegabte Mensch sagt: Zufall! Es geht ja auch gar nicht darum, zu beweisen, dass die Verbindung geglückt ist. Es geht darum, zu wissen, dass es so ist.

SPIELMÖGLICHKEIT

Wähle einen Baum in deiner Nähe, mit dem du dich befreunden willst, und besuche ihn immer wieder, berühre ihn, umarme ihn und nimm Kontakt zu ihm auf. Du kannst auch einen kleinen Schrein gestalten, in dem du Körner, Nüsse oder Früchte ablegst. Falls du eine Kerze anzünden willst, nimm ein natürliches Material wie zum Beispiel Bienenwachs ohne Metall oder Plastik.

Waldversammlung

Halb vier Uhr nachts. Ich fahre durch den Wald nach Hause. In einer Kurve steht plötzlich ein Hirsch auf der Straße. Oha. Gut, dass ich nur 40 km/h gefahren bin. Ich bremse, stelle das Auto am Straßenrand ab und schalte das Licht aus. Der Hirsch steht immer noch da. Ich steige aus. »Hallo!«, sage ich. Der Hirsch geht nicht weg. Da sehe ich, wie ein Hase in der Nähe des Hirschs an einem Baumstand lehnt. Der Hase biegt ein Ohr vor und wieder zurück. Da! Mitten auf der Straße liegt ein Dachs. Wurde er überfahren? Also von mir schon mal nicht! Ich will hingehen und nachschauen, doch er bewegt sich. Ich fühle, dass ich nichts tun soll. Abwarten.
Meine Augen gewöhnen sich an die Dunkelheit. Es scheint heller zu werden. Zwischen den Bäumen tauchen zwei Rehe auf. Ein Eichhörnchen springt auf die Straße und pflanzt sich ziemlich nah vor mir auf. Auf dem Seitenpfosten landet ein Uhu. »Foto!«, denke ich. Die Kamera ist im Auto. Lieber nicht bewegen. Das Geräusch einer Dose, die auf der Straße rollt – zwei junge Füchse spielen mit ihr. Da – ein Auto. Zwei gleißend helle Scheinwerfer tauchen die Bäume ringsum in grelles Licht. Alle Tiere sind in einem Augenblick verschwunden. Das Auto fährt vorbei, ich verstecke mich. Man weiß ja nie. Der Lärm hallt nach, verklingt. Stille. Die Rinde der

dicken Buche scheint sich zu bewegen. Die Buche ächzt in ihrem Rindenkleid. Alle Tiere sind plötzlich wieder da. Sind sie lebendig? Ist das wirklich? Was ist wirklich? Auf dem Asphalt bildet sich ein heller Schleier, der aufsteigt, an einem Fichtenast hängenbleibt und in Gestalt einer fast durchsichtigen Frau wieder zu Boden sinkt. Überall brechen große und kleine Tiere aus dem Unterholz, Hecheln, schrilles Schreien, Bellen, Hufe klappern auf der Straße. Da kommen die Marder mit ihren spitzen Zähnen und ihren unversöhnlichen wachen Gesichtern.

Ein verächtliches Zischen ist zu hören: »Wir wissen, dass das dein Auto ist!«

»Was? Ich? Meint ihr mich?«

»Wen sonst. Meine Kinder wurden überfahren!«, ruft die Füchsin.

Was ist los – bin ich besoffen? Oder vielleicht zum ersten Mal wirklich nüchtern? »Ich hab noch nie ein Tier überfahren!«, sage ich.

»Du vielleicht nicht, aber du bist ein Mensch. Du fährst mit einem Auto.«

»Ja stimmt schon, aber wie soll ich sonst von dem Dorf wegkommen, in dem ich lebe?«

»Laufen?«, schlägt ein Reh vor. »Fliegen?«, krächzt die Eule. Sie dreht ihren Kopf einmal ganz herum. »Sind alle da?«

»Was sollen wir tun?« Ich glaube, das kam vom Eichhörnchen.

Mäuse kommen angerannt, völlig außer Atem. »Die Ratten kommen nicht«, sagen die Mäuse. »Sie sind genervt von den ständigen Versammlungen, die nichts ändern.«

»Sie sagen, sie hätten da mal was Tolles gefunden, die Menschen mit ihrem eigenen Dreck ausgelöscht …« »Was war das?«, fragt das Reh. Die Eule gähnt. »Die Pest! Die Pest!«, wispert es überall im Wald. »Mit Schläuche anfressen klappt's jedenfalls nicht«, höhnt der Dachs. Die Marderin springt auf einen Ast und lässt sich runterhängen.

Ich fühle hauchzarte Schleier auf meinen Schultern. »Warum schützt du die?«, fragt der Hirsch. Die Fee streicht über mein Gesicht.

»Sie füttert uns mit Rosinen«, sagt die Marderin und stellt sich zu mir.

»Sie hat meine Mutter im Arm gehalten, als sie starb«, sagt die Füchsin und legt sich über meine Füße.

»Sie ist ein Mensch. Menschen bekämpfen uns«, sagt das Reh.
»Die meisten Menschen glauben nicht, dass es möglich ist, mit Tieren zu sprechen. Sie glauben, dass nur Menschen sprechen können. Dass Menschen die höchsten Wesen sind ...«
Trockenes Wispern, Krächzen, Knistern – eine Art Waldgelächter.
»Schsch«, macht ein Totenkopffalter.
Der Schleier um meine Schultern streift meine Ohren, es fühlt sich an wie eine Art Feineinstellung. Ich höre anders, ich höre mit allen Hautzellen. Was still schien, ist jetzt ein Gewebe von Botschaften und Impulsen.
Ein Vogelflügel streift meinen Kopf: Wenn es hier nicht klick macht, dann macht es nirgendwo klack. Was ist das denn? Ich bitte um Übersetzung. Eine ganz neue Erfahrung – ich spreche mit meinen Hautporen.
»Das ist ein Wanderstamm der Kleinen«, sagt die Eule. »Sie bleiben nicht lang. Sie sind unsere Boten. Manchmal lassen sie sich auf einem toten Tier nieder und nehmen das Wissen auf, dann tragen sie es weiter, sie können in Körper eindringen und die Nerven bespielen. Es gibt nur wenige unter uns Lebewesen, die sie verstehen. Wer beginnt, sie wahrzunehmen, stirbt meistens. Es gab eine Zeit, da tanzten und sangen die Menschen mit ihnen.«
Tanz! Schwingt der tiefe Ton in mir und bringt das Knochenmark zum Vibrieren? Na, ich werde jetzt im Wald in der Nacht anfangen zu tanzen und mich lächerlich machen! Ja. Tanz! Von hinten gibt mir der Hirsch mit seinem Geweih einen kleinen Stoß. Der Igel schiebt sich an meine Füße heran, ich springe. »Ha! Sie springt!«, jauchzen die Füchslein. Ich taumle, ein Reh fängt mich auf. Die Eule dreht ihre Augen, dann ihren Kopf, ich drehe mich mit, sie dreht sich schneller. Jetzt spüre ich sie überall, die Alten, die Ande-

ren, die kleinen Wesen, ich lache und stolpere. »Schau mich an«, flüstert die Buche. »Halte dich mit den Augen an meinem Stamm fest und du fällst nicht. Öffne deine Poren, horch, tiefer!«
»Das gibt's doch nicht«, flüstere ich. »Gibt's!«, flüstert es zurück. Die Marderin tanzt mit mir, beißt mich mit ihren spitzen Zähnen in den kleinen Zeh. Mistvieh! Sie lacht.

Die Furchtlosigkeit steigt auf. Übermut. Verbindung! Ich verstehe alle. Ich verstehe alles! Alles ist wunderbar! »Dieser Augenblick wird vergehen, aber du wirst uns verstehen«, rufen die Tiere. Singen sie? »Wir leben in unseren Räumen. Wir teilen uns auf. Wir arbeiten in Labors und testen dort die Menschen. Wir springen sie an. Wir lassen uns manipulieren und geben das Wissen über die Menschen weiter.«

Wildschweine kommen und rollen sich in den Blättern. »Die Schweine!«, seufzt ein Eichhörnchen andächtig. Nachtfalter schweben und schwirren. Wie können sie überleben, so dünn, so durchsichtig, so verletzlich! Bin ich nicht selbst durchsichtig und verletzlich? Die Mäuse verabschieden sich, ehe der Zauber bricht und die Eule wieder zur Räuberin wird. Die kleinen Wesen flitzen durch mich hindurch, tanzen auf meiner Leber, kitzeln mich in der Nase.

Die Fee wirft einen Schleier über meinen Kopf und steigt in die Luft auf. «Ciao«, haucht die Wildsau. »Das ist italienisch!«, sage ich. Woher kannst du italienisch?« »Hier hat mal eine italienische Familie Picknick gemacht«, sagt sie und verschwindet.

Die Erde unter meinen Füßen riecht vermodert und feucht. Der Geruch breitet sich wie ein Trommelwirbel in meinem Hirn aus. Ein Rhythmus, eine Melodie, eine Erkenntnis. Geboren werden, sterben, auflösen, wieder neu Gestalt annehmen, wachsen, vergehen, wiederkehren. Plötzlich ist es nicht mehr lustig. Ich werde schwerer und schwerer. »Was ist denn jetzt los?« »Ganz einfach, du hast aufgehört zu tanzen«, sagt die Marderin im Vorübergehen. Weg sind sie alle. Was war denn das jetzt?

Wanderung zur spirituellen Essenz

»Wir bekamen eine Flasche Wasser und dann mussten wir losziehen«, erzählt eine Frau von einer »Visionssuche«. »Ich machte mir fast in die Hose vor Angst – allein in den Bergen, zwischen Felsen und Bäumen, es regnete, der Boden war rutschig und ziemlich steil. Der Workshop-Leiter saß gemütlich in seiner Hütte, trank Wein und telefonierte mit seiner Freundin, das weiß ich, weil ich zurückging und durchs Fenster schaute. Wir hatten alle einen Vertrag unterschrieben, in dem stand, dass wir auf eigene Verantwortung auf Visionssuche gehen. Da dachte ich: ›Ich bin doch nicht blöd und zahle auch noch dafür, dass der mich im Regen stehen lässt. Was macht der eigentlich für das ganze Geld?‹ Ich ging also rein und sagte: ›Ich will mein Geld zurück.‹ ›Geht nicht‹, sagte er. Ich sagte: ›Du hörst von meinem Anwalt.‹ Er holte den Geldbeutel raus, da war ein dickes Bündel Scheine drin. Er gab mir meine fünfhundert Euro wieder, das war der Preis für drei Tage Fasten, Schweigen und in der Wildnis ausharren.«

»Das kannst du ja allein kostenlos machen«, sagte ich zu der Frau. »Eben«, sagte sie und lachte.

In der spirituellen Szene ist eine Visionssuche in der Wildnis möglichst karg, möglichst bedrohlich, sozusagen die heilige Kommunion. Weil »die Indianer« das machen. Weil »alle spirituellen Traditionen eine Visionssuche brauchen, um zur Weisheit, zur Erkenntnis, zur Erleuchtung zu gelangen.«

Tatsächlich ist eine Visionsreise, eine Reise ins Innere der verschütteten Weisheit, ein Einsinken in die Urkraft eine wunderbare Sache.

Zu den eigenen Visionen gelangen – ist das nicht der Hauptgewinn? Aber wie geht das?
Das große Missverständnis: Es geht nur in der »Wildnis«, wobei vergessen wird, dass es Wildnis im Sinn unserer Ur-AhnInnen gar nicht mehr gibt. Sogar vom Everest wurden schon Menschen mit dem Hubschrauber geholt. Fast überall auf der Welt gibt es mittlerweile ein Mobilfunknetz. Flugzeuge, Helikopter, Autos, Bahnen dringen in fast alle Winkel der Erde vor. Stimmt, Menschen gehen

verloren, doch bevor sie sich auf der Erde verirren, verirren sie sich in sich selbst. So ist eine Reise zur spirituellen Essenz immer in allererster Linie eine Reise ins Innere.
Welchen Sinn soll es haben, drei Tage mühevoll, entbehrungsreich und oft genug lebensgefährlich irgendwo im Gebirge im Wald, in unzugänglichen Regionen auszuharren, wenn der Alltag einen Achtstundentag im Büro oder Arbeit in einem Laden, einem Krankenhaus oder einem Altersheim erfordert. Was kann eine Wildniserfahrung da bewirken? Es ist ein Abenteuer. Super, wenn man es überlebt hat. Doch führt es wirklich zu einer neuen Erfahrung und wichtiger noch, zu einer Veränderung des eigenen Lebens? Ist Liebeskummer dann weniger schlimm, wenn man ausgezehrt von der Visionsreise zurückkehrt? Ist der öde Alltag plötzlich erträglicher, weil man drei Nächte im Freien geschlottert und sich gefürchtet hat?
Für manche Menschen mag es eine wichtige Erfahrung sein, sich selbst zu begegnen und zu erleben, was Gefahr, Entbehrung und Angst bewirken. Doch wer sich so selbst kennenlernt, lernt sich ja im Ausnahmezustand kennen. Wie soll das den Alltag verändern? Es ist eine Erfahrung, von der man noch lange erzählt, die im Lauf der Zeit idealisiert wird, die jedoch keine grundlegende Veränderung bewirkt. Die meisten Frauen, die ich kenne, die auf Visionssuche waren, arbeiten weiter in ihren ungeliebten Berufen, schlagen sich weiter mit Problemen herum, die sie auch weiterhin nicht zu lösen wissen.

Eine Visionsreise ist praktisch überall möglich. Sie kann ein Spaziergang an einem vertrauten Ort sein oder eine Reise in ein fernes Land, eine Bergtour oder eine Trancereise, bei der man sich gar-

nicht von zu Hause fortbewegt. Natürlich ist auch in der »Wildnis« eine Visionsreise möglich. Wer sie unternehmen will, sollte sich darüber klar sein, dass Wettersturz, Einsamkeit, Hunger und Durst möglicherweise zu krassen Zuständen führen, die oft auch lebensgefährlich werden können. Ich finde, dass die Begegnung mit den dunklen Räumen im eigenen Inneren besser verarbeitet werden kann, wenn man gut gegessen hat und sich stabil fühlt.

Es gibt nur eine Visionsreise – die Reise ins Herz der Dunkelheit, in die nicht gelebten Kräfte, ins Verborgene. Diese Reise kann überall begonnen und beendet werden. Sie besteht aus drei Teilen:

Der erste Teil der Visionsreise ist der Aufbruch in die Wahrnehmung. Jetzt wird alles genau geprüft, das Alltägliche mit neuen Augen betrachtet, alles was gesprochen wird, ist jetzt Botschaft, Zeichen.
Der zweite Teil ist der Abstieg in die Unterwelt, in die Ängste, in Demütigung, Ärger, Zorn, Frustration, das bewusste Wahrnehmen dieser unerwünschten Kräfte, ohne sie mit Energie, mit Gefühlen zu nähren.
Der dritte Teil ist das Wiederauftauchen und das Erkennen des Wunderbaren in allem. Die tiefe spirituelle Erfahrung wird in den Alltag eingewoben und mit jeder Pore, jeder Empfindung gelebt.

Da es um die innere Erfahrung geht, kann eine Visionsreise überall beginnen, natürlich auch in der Wildnis. Die überraschende Erkenntnis ist eben: Es geht auch mitten in der Stadt, mitten im Getriebe und im Lärm.

Meine intensivste Visionsreise machte ich mitten in New York. Ich war dort für eine Reportage, meine Tochter begleitete mich, und als die Arbeit getan war, beschlossen wir, das Museum of the American Indian, am Anfang des Broadway bei der Brooklyn Bridge, zu besuchen. Wir gingen durch die Ausstellungsräume, und in mir entstand so ein Rhythmus, eine Lust aus der Normalität auszusteigen. Ich spürte, dass da ein Übergang war und dass ich den jetzt wagen könnte. Im Shop fragte ich nach einer Rassel. Sie hatten keine. Einer der Wächter hatte gehört, dass ich eine Rassel wollte. Er sagte, er habe eine, unten im Keller im Spind. Wir folgten ihm und er gab mir eine zauberhafte Rassel, die er selbst hergestellt hatte, mit Holzgriff und Kürbiskörper. In den hatte er Figuren und Symbole eingebrannt. Er wollte fünf Dollar, ich gab ihm zehn. Die Zehn im Tarot ist das Lebensrad. Da kommt etwas in Bewegung. Ich beschloss, den ganzen Broadway, rund 26 Kilometer, mit der Rassel hinunterzulaufen, bis zum Ende, irgendwo in Harlem. Der Broadway ist die einzige krumme Straße in New York, weil sie einem alten Ureinwohnerpfad folgt. Meine Tochter schloss sich mir überraschenderweise an, und es war ihr nicht peinlich, dass ich rasselnd und singend dahinging, durchs Village, vorbei an Geschäften, Restaurants und Cafés, mitten im Trubel der großen Stadt. Wir gingen die 26 Kilometer in drei Etappen, sie war für mich eine Art Wächterin, die Sicherheit, dass ich aus dieser Visionsspur auch wieder herausfinden würde.

Auf der ersten Etappe begegnete uns ein Afroamerikaner, der Talisman-Anhänger aus Metall und Lack herstellte. Ich kaufte ihm einen ab, das schien mir ein gutes Zeichen zu sein. Ungefähr auf der Höhe von Gramercy Park, einem ehemaligen Sumpfgebiet, das die UreinwohnerInnen mieden, sprach mich eine Frau an. Sie verkaufte mir eine Schildkröten-Maske. Ich war verblüfft. Es schien, als wüssten die alle, dass ich auf Visionsreise bin. Am späten Nachmittag brachen wir die Wanderung ab und gingen in ein Schwitzbad in der 31. Straße. Eine rituelle Waschung schien mir nötig zu sein. Im Bad forderte mich eine uralte russische Frau auf, sie mit Eichenblättern auszupeitschen, das tat ich, und danach schlug auch sie mir die Eichenblätter über den Rücken. Das Tor zur Unterwelt ging auf. Am zweiten Tag wanderten wir bis zum Central Park, wo die uralten Schieferfelsen aus dem Boden herausbrechen. New York ist auf

Fels gebaut, und das ist vermutlich der Grund, warum die Wolkenkratzer eine so solide Basis haben. Der Central Park ist ein magischer Ort, nicht erst seit Yoko Ono und John Lennon das »Imagine«-Mosaik dort geschaffen haben. Ich setzte mich hinein und wir waren ganz allein, eine Erfahrung, die man dort eher selten macht, weil der Platz von Lennon-Fans belagert wird.

Am dritten Tag gingen wir bis Harlem. Rasselnd und singend wanderte ich dahin, meine Tochter gut gelaunt neben mir. Wir passierten kaputte Häuser, an einem war ein Telefon angebracht, der Hörer hing herunter und daneben stand ein Ledersessel. Kein Anschluss unter dieser Nummer oder vielleicht Kommunikation nur telepathisch. Wir gingen weiter. Da kam uns eine Gruppe Jugendlicher entgegen. Einer trug einen Ghettoblaster auf der Schulter. Als sie mich rasseln und singen sahen, blieben sie mit offenem Mund stehen. Rasselnd und singend ging ich zwischen ihnen durch und rief noch: »Vision Quest!« Sie drehten sich um und sahen uns nach, und mir war klar, dass es einfach nicht wahr ist, dass New York so gefährlich ist.

Am Ende unseres Visionspfads kamen wir dahin, wo in alten Zeiten die Cave People gelebt hatten und wo heute in den unterirdischen Hallen der Subway Obdachlose ihre Wohnstätten aufgeschlagen haben.

Ich bedankte mich bei den Geistern der Stadt. Wir gingen essen, in ein Restaurant, wo Gwyneth Paltrow ungeschminkt und sehr entspannt mit einer Freundin plauderte. New York wird für mich immer eine magische Stadt bleiben. All die Wolkenkratzer können die alte Energie nicht überdecken, so wenig wie die Anziehungskraft der Erde immer spürbar bleibt und die magische Vergangenheit der ersten Menschen dort immer wieder auftaucht.

Eine ganz andere Art der Visionsreise war eine Wanderung durch den Himalaya. Da ich mit Schuhen nicht gern gehen mag, trug ich sie im Rucksack und lief barfuß. Als ich einmal auf einem Stein saß und eine Rast einlegte, kam eine Gruppe Sherpa-Frauen. Sie setzten sich zu mir und bedauerten mich, weil ich keine Schuhe hatte. Wir teilten das Wasser, das wir dabei hatten, und ich ging weiter – und verirrte mich. Anstatt aufzusteigen, ging ich gerade weiter, der Weg wurde immer enger, daneben fiel eine steile Wand ein paar hundert Meter ab in die Tiefe. Es wurde ungemütlich. Ich bemühte mich, keine Panik aufkommen zu lassen, und sagte mir: »Ich bin auf dem Weg zu meiner Essenz, womöglich zum Ursprung meiner Angst. Es ist wichtig, dass ich gelassen bleibe.«
Vor mir tauchten Berggazellen auf. Sie waren so zahm, dass ich sie fast berühren konnte. Sie hatten keine Angst vor Menschen, vermutlich, weil sie selten welche sahen. Diese Begegnung machte mich froh. Mit neuem Mut fing ich an, einen steilen Pfad hinaufzuklettern. Ich setzte mich auf den Boden, der mit Flechten bedeckt war, schaute hinunter in die Tiefe und hinauf, wo der Weg zwischen niedrigem Buschwerk zu verschwinden schien, und fühlte mich vollkommen verloren. Sitzen bleiben konnte ich nicht, also ging ich weiter – in die einsame Wildnis, in der ich mich verlaufen hatte. So dachte ich. Plötzlich hörte ich Stimmen. Auf allen Vieren kroch ich den Stimmen entgegen, stemmte mich über eine Böschung, und da war der Weg, auf dem gerade eine Gruppe Wanderer des Summit Clubs unterwegs nach Tengboche war.
Die Erkenntnis dieses unfreiwilligen Visionswegs war: Wieso rege ich mich immer so über Gruppen in den Bergen auf, die mich diesmal tatsächlich aus meinen düsteren Gedanken und Befürchtungen herausgeholt haben?

SPIELMÖGLICHKEIT

Eine Visionsreise muss nicht unbedingt in der Natur stattfinden. Wähle einen Visionsort oder -weg, der für dich stimmig ist. Vielleicht ist es ein Spazierweg, den du oft gehst, oder ein Ort deiner Kindheit, ein Berg oder ein See. Wichtig ist, dass du dich dort wohl und geborgen fühlst. Eine Vision kann eine allmählich aufsteigende Erkenntnis sein, eine Wahrnehmung, eine Idee. Sie muss gar nicht spektakulär daherkommen und ganz besonders erhaben sein. Manchmal taucht sie als freudiger Einfall, als Vorfreude auf ein Ereignis auf. Die Vision enthält immer die Essenz der Intensivierung oder Veränderung des Lebens, das Gefühl nach einer Visionssuche oder Visionsreise könnte sein: Jetzt geht's los!

Wandel und Wirken

Nichts scheint Menschen mehr zu ängstigen als die Aussicht auf tiefgreifende Veränderungen. Lieber in einem ungeliebten Job, in einer längst ausgelaugten Beziehung bleiben, als das Neue, das Unbekannte, das nicht Abgesicherte zu wagen. Und doch liegt im Wandel, im Mut zur Veränderung, das größte Glück. Wir sind genetisch nicht aufs »Bleiben« und auf »Langeweile« programmiert. Unsere Grundeinstellung ist Bewegung. In der Bewegung, in der Veränderung der Lebensbedingungen erneuert sich der Körper und gewinnt neue Kraft. Selbst verschlissene Gelenke heilen eher in Bewegung als im Ruhezustand. Der immer so herbeigesehnte Zustand des Abschlaffens und Ausruhens ist nur sinnvoll, wenn es davor die Bewegung, vielleicht sogar die körperliche Erschöpfung gibt. Denn alles ist Wandel, ist Veränderung, ist Erneuerung.

Besonders gut dargestellt finde ich dieses Urprinzip des Wandels im astrologischen Rad. Das Rad oder der Kreis steht für die Gleichwertigkeit. Es gibt keinen Anfang und kein Ende, kein Oben und Unten, kein Besser oder Schlechter, kein Gut und Böse. Der Kreis bringt alles in Bewegung, alles ist immer in Veränderung. Das Geburtshoroskop zeigt im Lebensrad zwölf Sternzeichen, die am Himmel als Sternkonstellationen sichtbar sind und seit den BabylonierIn-

nen als ewiges Rad des Lebens gedeutet werden. Zu den zwölf Sternzeichen werden die zwölf Häuser eingearbeitet – die Kraft des Himmels wird auf die Erde gebracht: zwölf große Lebensthemen, also Persönlichkeit, Materie, Kommunikation, Wurzeln, Lebenslust, Arbeit und Körper, Beziehungen, Grenzerfahrungen, Reisen mit Körper und Geist, Lebensziel und Bestimmung, Helferwesen und günstige Einflüsse und das Verborgene. In diese schon sehr komplexe Struktur von himmlischen Themen (Sternzeichen) und irdischer Umsetzung (Häuser) kommen jetzt noch die Planeten, die Himmelskörper, die mit uns, also mit der Erde, um die Sonne kreisen und auf uns einwirken. Da alles immer in Bewegung ist, gibt es keine festgelegte Wirkung für immer oder sagen wir für ein ganzes Leben. Alles ist im Wandel. Die Erde dreht sich, und durch diese Drehung kommen wir in einem Sonnenjahr an allen Sternzeichen vorbei. Die Häuserthemen, die über die Sternzeichen gelegt sind, wiederholen sich und auch die Planetenkräfte sind in ständiger Bewegung. Das Geburtshoroskop ist so kein Urteil, keine Festlegung fürs Leben, sondern eine Momentaufnahme: So sind

die Bedingungen zur Geburt, so sind die Kräfte im Leben verteilt. Aber weil sich die Erde weiterdreht und alles weiterkreist, verändern sich auch die Bedingungen, und das Leben nimmt neue Energien auf und neue Formen an.
Das große Missverständnis in der Astrologie ist ja die Definition: Was bin ich? Ich zum Beispiel bin nach dieser Definition »Löwe«. Das aufsteigende Sternzeichen am Horizont beschreibt den Aszendenten. Gern deutet man dann auch noch das Zeichen, in dem der Mond steht. Gehen wir davon aus, dass sich alles wandelt, dann öffnen wir uns natürlich auch für alle anderen Kräfte.
In den frühen Tagen der Menschheit war der Wandel, die Veränderung, die Bewegung Programm. Die wenigen Menschen, die es gab, konnten nicht auf dem Sofa liegen und fernsehen. Sie bewegten sich mit dem Wetter, mit der Jahreszeit, mit den Möglichkeiten, Nahrung, Unterkunft und Schutz zu finden. Das ist lange her und doch ist es in unseren Genen gespeichert. Ausgelebt wird diese alte Information oft auf kuriose Weise, in Marathonläufen, in Rennen aller Art, in einer Ruhelosigkeit, am meisten aber in der Reiselust. Mögen die nomadischen Völker immer weniger werden – das neue Nomadentum, das zugleich sesshaft und nomadisch lebt, wächst von Jahr zu Jahr. Wohnmobil-Kolonnen ziehen durch Europa, durch Amerika, durch Australien. Ältere Menschen haben oft gar keine Wohnungen mehr, auch weil sie sich mit ihrer kargen Rente keine leisten können, und leben jahrein jahraus im Wohnmobil, ziehen von einer Wasserstelle, von einer Nahrungsquelle zur anderen.

Alle sieben Jahre erneuert sich der Körper vollständig, Haut, Organe, alle Zellen, Augen – alles erneuert sich, Zellen werden abgesto-

ßen und neu gebildet. Nur die Eier in den Eierstöcken der Frauen erneuern sich nicht. Sie lagern im Körper der Frau ein Leben lang unverändert. Wie gut ein Körper sich erneuern kann, wie gut neue Lebensbedingungen auf uns wirken, hängt nicht nur von gesunder Nahrung ab. Mehr als die Wirkstoffe, die wir essen können, zählt das Glücksempfinden, zählen die angenehmen Überraschungen, die gemeisterten Herausforderungen, die zu einer tiefen Freude und damit zu Erneuerung führen.

Wenn ich als »Löwin« also in eine »Steinbock«-Erfahrung gehe (das ist dann jedes Jahr zwischen dem 22. Dezember und dem 21. Januar), dann ist das zwar für mich eine gewöhnungsbedürftige Zeit, in der ich mich mit Impulsen beschäftige, die mich herausfordern. Es ist kalt, es ist karg, Klarheit und Struktur sind gefragt.
Im Klartext heißt das: Ich mag genießerisch und optimistisch eingestellt sein, doch bin ich auch in jedem Lebensjahr wieder an der Stelle, wo meine Werte und meine Lebenseinstellung über-

prüft werden. Gegen Ende Oktober nähere ich mich dann wieder der »Skorpion«-Zeit. Da entsteht Konfrontation mit meinem »Passt-schon«-Lebensgefühl. Ich bin herausgefordert, muss mich in eine Tiefe begeben, in die ich natürlicherweise vielleicht nicht unbedingt einsteigen mag.

Weil Leben Wandel ist, werden wir also immer wieder neu konfrontiert – mit dem Genussvollen, mit dem Problematischen, mit der Veränderung. Kehrt man an einen Ort zurück, an dem man einmal sehr glücklich war, entsteht oft ein Gefühl der Enttäuschung, des Schreckens. »Die haben den Platz ja total zerstört«, »das war früher viel schöner«, »das hätte ich nicht wieder erkannt« usw. Auch mit Menschen geht es uns oft so. Wir verändern uns, wir bleiben eben nicht jung (zum Glück), und treffen wir auf alte FreundInnen, bleibt

die Bestürzung oft nicht aus. In den anderen erkennen wir, wie alt wir selbst schon sind. Die Veränderung wird selten als angenehm empfunden, dabei ist sie ja eigentlich eine Bereicherung: jetzt sind wir älter, wissen mehr, fallen (idealerweise) nicht mehr in dieselben Fallen, leiden nicht mehr unter Liebesqualen, haben Weisheit und Lebensfreude dazugewonnen. Wir drehen uns weiter im Rad des Lebens, streifen alle Kräfte und alle Situationen, aber jetzt sind wir anders, haben neue oder einfach andere Energien, andere Lebensbedingungen.

Wenn wir die Kräfte des Wandels nutzen wollen – und das ist es letztlich doch, worum es im Leben geht – dann prüfen wir die Bedingungen und wagen die Veränderung, damit das Leben gelingen kann.

viele feine wurzeln graben sich höher und tiefer
ein geflecht entsteht
verbindung zu anderen luftwurzeln
zu nahrung und energie
wurzelkraft ist tiefes wissen
erinnerung an kindheit
erinnerung an alles was war
das hirn spricht
das rückenmark spricht
die zellen sprechen
die mitochondrien geben das archiv frei
die botenstoffe flitzen durchs körperuniversum
die nerven leuchten auf
die faszien fangen zu spielen an
im tanz gleitet die information von zelle zu zelle
von organ zu organ
der darm lacht

verwurzelt im wissen des universums
alles ist gespeichert
alles ist abrufbar
die wiedergeburt des geistes ist unendlich
der körper geht
die essenz bleibt

Weinen, wagen, wachsen

Die wildgewordene Hausfrau

Machen wir uns nichts vor – selbst in der domestizierten sogenannten Haus-Frau, selbst in einer Frau, deren zweiter Name Selbstbeherrschung ist (und es heißt ja nicht umsonst Be-Herrschung und eben nicht Be-Frauung), schlummert ein Funke der wilden Kraft, der nie ganz verloren geht.
Er flammt noch einmal auf in der Pubertät, bevor die Anpassung an männliche Sexualität und Lebensform einsetzt. Und in den Wechseljahren, wenn so vieles gelaufen und so wenig wirklich Erfreuliches, Beglückendes, Begeisterndes passiert ist, wenn die Routine, das Überleben des Alltags den meisten Raum eingenommen hat, in dieser Zeit des Wechsels, der körperlichen und psychischen Achterbahnfahrt, flammt die wilde Kraft bei vielen Frauen mächtig auf. Die einen haben Schlafstörungen, die anderen Schweißausbrüche, viele Frauen werden emotional inkontinent und fangen an, alles und alle um sich herum anzugreifen, zu beschuldigen. Weinen, schreien, schluchzen – alles was eine sich all die Jahre verkniffen hat, steigt jetzt auf. Wechseljahre – Zeit der Wahrheit. Was nicht stimmt, wird jetzt zum körperlichen und seelischen Problem. Wie soll ein Mann das verstehen?

In Alentejo gibt es eine Frau, die, in die Wechseljahre gekommen, morgens von zu Hause losmarschiert, stundenlang geht sie, zornig, aufgeregt, auch mal weinend, bis sie sich beruhigt hat. Dann geht sie nach Hause, kocht, putzt, macht alles wie immer. Zuerst wusste ich nicht, was mit ihr los war. Ich hielt mit dem Auto an und fragte sie, ob ich sie irgendwohin mitnehmen könne. Sie antwortete knapp: »Nein, ich muss gehen.« Dann fing sie an zu weinen. Mit der Zeit erfuhr ich mehr. Dann sah ich den Mann, der ihr morgens nachsah, als sie aus dem Haus stürmte. Er verstand die Welt nicht. Wo bei ihm der Ein- und Ausschalter war, gab es bei ihr unvorstellbare Vernetzungen, Entladungen, Verschmelzungen, die ihn komplett überforderten.

Bei vielen Männern, die ja auch eine Art Wechsel durchlaufen – das heißt dann eleganterweise Midlife-Crisis –, ist die Schmerzbewältigung dann zwanzig und blond. Oder sie sprechen stundenlang mit einer Sex-Arbeiterin am Telefon, gehen ins Puff oder in den Bastelkeller. Frauen, die aus der Spur fallen, fällt meistens gar nicht auf, dass die Wildnis ruft. Sie sprechen mit Freundinnen darüber, was sie am liebsten tun würden, alles hinschmeißen, das Haus verkaufen, nach Tibet gehen usw. Manche schaffen es ja sogar, diesen Funken der wilden Kraft zum Lebensfeuer zu entfachen. Viele Frauen fangen tatsächlich mit fünfzig, sechzig oder noch später ein neues Leben an. Susanne Wenger ging als Yoruba-Priesterin und Künstlerin nach Afrika, Trudy Duby-Blom wanderte zu den Lakandonen Mexikos aus, um sie zu retten, Peggy Guggenheim kaufte einen Palazzo und richtete darin ein Museum für moderne Kunst ein usw. »Frauen sind zu allem fähig«, sagte ein Freund einmal. Und es scheint, dass sie es oft selbst erst merken, wenn sie die alte Haut im Wechsel abstreifen und eine neue wachsen lassen.

Wiederverzauberung der Welt

Es reicht nicht, vor dem dramatischen Sonnenuntergang, der spektakulären Landschaft, der Bühne eines Rockkonzerts oder sogar bei einer kraftvollen Demonstration ein Selfie zu machen und es irgendwann mal später anzuschauen, ein verträumtes Lächeln auf den Lippen. Das wird diese Erde nicht retten, das wird nicht verhindern, dass der Meeresspiegel ansteigt, die Ressourcen zu Ende gehen und der Müll uns über den Kopf wächst. Viele Menschen behaupten ja, es gäbe keinen Klimawandel und das sei alles die Fantasie von paranoiden Ökos. Da wird diskutiert, Treffen werden vereinbart, Klimagipfel, zu denen alle TeilnehmerInnen hinfliegen, in Hotels wohnen, jede Menge Wasser und Energie verbrauchen, und nichts wird dabei herauskommen als eine Demonstration guten Willens, ein Abschlusspapier, das das Papier nicht wert ist, auf dem es geschrieben ist. Sollen wir also alles einfach auf uns zukommen lassen?

Was diese Erde braucht, ist die alte Verbindung. Heute entsteht auch eine Art telepathischer Verbindung durch die digitale Tech-

nologie. Doch was die Erde, was die Natur, was wir brauchen, ist die alte Verbindung, das Hineinspüren, das Stillwerden. Wenn wir verstehen wollen, wie das gemeinsame Netz der Heilung und des Lebens gewirkt werden kann, müssen wir uns einlassen. Die Zeit darf keine Rolle mehr spielen, der Ort spielt sowieso keine Rolle, denn Erde, Luft, Wind, Wasser, Feuer, Körperwärme sind immer da. Wir sind ja selbst Natur. Wir werden geboren, leben und vergehen, sterben, lösen uns auf. Ob wir es wollen oder nicht, werden wir

ohnehin Teil der Erde, des Meeres, des Feuers. Doch was wir brauchen, ist diese Teilhabe, solange wir noch leben, spüren können, verstehen können.

»Kampf« ist nicht die Antwort auf die Frage: »Sind wir noch zu retten?« Das Närrische, das Spielerische, das Eintauchen in die Ziellosigkeit ist ein Anfang.
Vielleicht brauche ich drei Haare einer Füchsin, drei Schuppen ei-

nes Fisches, drei Federn eines Huhns, um ein Unglück zu verhindern. Vielleicht muss ich mit Geistern kegeln, um lebend aus einer Gefahr herauszukommen. Vielleicht muss ich mit Riesen kämpfen und mit Dämonen – und das tun wir ja, wenn wir gegen Bürokratie und Immobilienhaie antreten oder in Depressionen verfallen, doch wissen wir nichts davon. Wir versuchen, die Probleme »rational« zu lösen. Denn wirklich niemand will riskieren, für total übergeschnappt zu gelten. Und doch – das ist der Weg. Es muss mir egal sein, was andere von mir denken, wenn ich in die magische Welt, in die unsichtbare Welt eintauche, denn gespottet wird immer und vor allem von den Ahnungslosen.

Die erste Begegnung mit dieser Wiederverzauberungsenergie hatte ich auf einem belebten Platz in Kathmandu. Kinder quälten eine Ratte. Als ich dazukam, war sie schon halb tot. Der Platz war belebt, niemand kümmerte sich um die Kinder, um die Ratte. Alle hatten natürlich wichtigere Dinge zu tun. Ich mag keine Ratten. Ratten übertragen Krankheiten. Sie haben auf jeden Fall einen sehr schlechten Ruf, obwohl sie natürlich nur gefährlich werden, weil die Menschen ihre Abfälle und Ausscheidungen wahllos in der Gegend verteilen. So. Ich sah in die Augen der Ratte, und ich sah die Kinder, die es genossen, nicht selbst gequält zu werden, und desto grausamer waren. Ich hob die Hand und rief: »Stop!« Sie waren überrascht. Ich machte ein sehr strenges Gesicht, scheuchte die Kinder weg, und da stand ich jetzt mitten auf dem belebten Platz in der sengenden Sonne mit einer sterbenden Ratte. Ich musste sie vor der Sonne schützen. Da lag ein Karton, ich baute eine Art Dach daraus und spürte, wie ich in eine andere Dimension eintauchte. Der Platz löste sich irgendwie auf, es gab nur die Ratte, das Dach

über ihr und mich. Ich setzte mich zu ihr und sang. Die Kinder hatten in einiger Entfernung noch gejohlt und geschrien. Jetzt war es still. Ich legte die Hand auf den Kopf der Ratte. Sie schloss die Augen. Dann starb sie. Ich spürte diese andere Welt, die nichts mit der geschäftigen Menschenwelt zu tun hat, so stark, dass es mir eine Zeit lang unmöglich war, aufzustehen. Ich legte die Ratte mit dem Karton ins Gras neben dem Platz und ging weg. Die Kinder folgten mir. Dann nur noch einer. »Why?«, fragte er. »Because we are all connected«, sagte ich. Und als ich über diesen spontanen Einfall nachdachte, wurde mir klar, was es bedeutet, wenn wir wirklich alle verbunden sind. Verbunden in der unsichtbaren Welt, da, wo die Fäden des Lebens vernäht sind, auf der Rückseite des Gewebes der Welt.

Es gibt mehr als Vererbung, als den genetischen Code, als Veranlagung und Zellinformation. Das Verborgene beeinflusst das Sichtbare mehr als wir uns vorstellen können, deshalb müssen wir uns auch mit dem Verborgenen beschäftigen, mit den Strömen, die uns beeinflussen, mit den Ahnungen und der Intuition. Wir sind weit davon entfernt. Entfernt worden, denn das Unsichtbare steht dem Sichtbaren im Weg, wenn es gelebt wird.

Die Wiederverzauberung der Welt beginnt mit dem Träumen, mit dem Eintauchen in die unsichtbare Welt, die große, die unendliche Dimension, die das Leben möglich macht, beeinflusst und beendet. Nichts anderes bedeutet der Mythos der drei Nornen: Der Faden wird gesponnen, bemessen und abgeschnitten.
Das ist das Wesen der Wiederverzauberung: Du kannst sie nicht bestellen, kannst keinen Termin machen, kannst keine Bedingun-

gen stellen. Aber du kannst dich auf die Reise machen. Dabei bleibt dann manchmal das alltägliche Leben zurück. Es gibt keine Garantie, dass die Reise gelingt. Aber es gibt auch keine Alternative. Denn ohne das magische Netz sind wir verloren.

SPIELMÖGLICHKEIT

Als ich zum ersten Mal Laternenpfähle sah, die mit bunter Wolle umhäkelt wurden, wusste ich, dass Frauen, ohne irgendwas über Magie und Zauberei zu wissen, angefangen hatten, die Welt wieder zu verzaubern.
Bei einem Workshop in Wien vor vielen Jahren sahen wir im Volksgarten eine Installation eines Künstlers: kriegerische Männer aus Blech. Wir besorgten uns Wolle und spannen die Blechsoldaten mit bunten Fäden ein, und ich erinnerte mich an eine Aktion in Greenham Common in England, wo Atomraketen stationiert waren, bei der wir das Tor zum Gelände mit Wollfäden zugesponnen hatten. Wolle ist ein gutes Material, um zauberhafte Aktionen durchzuführen. Ich mache auch gern Mehlkreise und Mehlspiralen, um eine Straße zu verzaubern. Mehl ist natürliche Substanz, die zum einen schön aussieht und auch keinen Schaden anrichtet.

WWW: world wide web

»Warum machst du eigentlich keine Webinare?«, fragte mich eine Freundin, »da könntest du doch viel mehr Menschen erreichen, mit wesentlich weniger Aufwand.«
»Ich mache keine Webinare«, sagte ich, »weil ich den persönlichen Kontakt mit Frauen wichtig finde.«
Mir ist klar, dass sich mit dem Internet alles gewandelt hat, Feministinnen definieren sich heute anders als wir damals in der Neuen Frauenbewegung. So kann eine Feministin heute mit Stilettos und frisch gestalteten Nagelkrallen einen Mann am Halsband präsentieren und sich dabei sehr wohl und vor allem frei fühlen. Wie frei eine wirklich ist, zeigt sich doch erst, wenn sie die wirklichen Tabus bricht, wie zum Beispiel Ute Schiran mit ihrem Bart oder Susanne Wenger, die ihren Hund den Teller abschlecken ließ und fröhlich verkündete: »Den müssen wir jetzt nicht mehr waschen«.
Tatsächlich läuft sehr vieles übers Internet, vom Yoga übers Kochen bis zum Schamanischen. Mir kommt es gerade auf der spirituellen Ebene vor wie ewig eine Speisekarte lesen, anschauen und nie was zu essen bekommen. Wir leben, jedenfalls in diesem Leben, in einem Körper, der sinnliche Erfahrung braucht. So genial das Internet ist, so viele interessante Informationen und Verbindungen es

auch gibt, wenn das alles nicht wieder in eine körperliche persönliche Erfahrung fließt, interessiert es mich nicht.

Wenn ich im Internet all die Show-SchamanInnen sehe, die zumeist sehr oberflächliche »magische« Plattitüden von sich geben, wundere ich mich schon manchmal, gerade wenn von der Natur die Rede ist, ob diese Leute von der Natur auch nur die geringste Ahnung haben. Krafttiere sind gern Wölfe bzw. Wölfinnen, Adler, BärInnen usw. Niemand nennt eine Kakerlake als Krafttier, obwohl das mit die ältesten Tiere auf der Erde sind.

Was weißt du schon über die Internet-SchamanInnen wirklich? Die hübsche blonde Show-Schamanin ist vielleicht ein alter Alkoholiker, der fremde Bilder und Texte benutzt oder ein Algorithmen-Programm, das deine Gewohnheiten und Bedürfnisse ausgewertet und deine Verführbarkeit errechnet hat. Der alte Alkoholiker hat ja vielleicht noch Lebensweisheiten zu bieten, aber von einem Algorithmen-Programm würde ich mir eher keinen persönlichen Gewinn erwarten.

Ich kenne natürlich auch ein paar Frauen, die im Internet allerhand anbieten und Versprechungen machen, die sie nie halten können. Da wird im Universum munter bestellt, als wäre es ein besonders billiges Kaufhaus. Von Heilzeremonien über Zaubersprüche bis zu Flüchen wird alles angeboten, was man sich heute so unter Magie vorstellt. Dass gerade die selbst ernannten Heilerinnen bei kritischem Gesundheitszustand nicht etwa einen Heilgesang anstimmen, sondern flugs den schulmedizinischen Spezialisten aufsuchen, ist bekannt. Das sagen sie den KlientInnen, die im Internet anfragen, allerdings nicht.

Dass Flüche immer auf die Person zurückfallen, die sie ausspricht, zeigt die Geschichte von Z. Budapest, einer kalifornischen Hexe.

Nach einem Fluchritual gegen einen Vergewaltiger fiel ihr ganzes Leben auseinander, und sie hatte heftige Probleme, die sie nicht alle lösen konnte.
Im Internet präsentiert sich die Natur so angenehm, oft spektakulär schön. Delphine sind immer lieb, ungeachtet der Tatsache, dass sie in Wirklichkeit Raubtiere sind. Von Mücken, Würmern, Käfern, Zecken, Borrelien und dergleichen ist natürlich auf den magischen Internetseiten auch nichts oder kaum etwas zu finden.
Im Alentejo ist die Natur schon etwas weniger lieb und glatt. Wenn die Temperaturen über 40 Grad steigen, kommt jede Menge unerwünschtes Getier ins kühlere Haus. Wenn's im Winter kühl und nass wird, überwintern gern Motten und andere Insekten in der Kleidung. Alles ganz natürlich. Doch bleibt das schwärmerische Naturerlebnis irgendwie aus.
Die magische Wirklichkeit ist für mich all das: das Imaginieren, das Internet, die Bilder, die Träume, und die sinnliche Erfahrung der Natur, auch die unerwünschte, die Kälte, der Regen, die sengende Sonne, die stechenden Insekten, die scheuen Tiere der Nacht, die Vögel, die Fische, die Raubtiere, Wolken, Wind, Erde, ja, auch Dreck. Die eigene Natur in der Reibung mit der Natur draußen spüren und wahrnehmen, verschmelzen, abgrenzen. Körperliche Genüsse erleben und im Traum Abenteuer erleben, Gefahren heiter und gelassen meistern.
Mir geht's nicht um Schnelligkeit, nicht um maximale Verbreitung, zum Beispiel durch Webinare. Ich habe seit zwanzig Jahren ein Internet-Tagebuch, wer mich finden und erreichen will, kann's.

Der Weg in die Zukunft führt in die virtuelle Welt. Eines Tages werden die Menschen, halb Roboter schon, fast nur noch online sein und die Außenwelt meiden, wie es jetzt schon einige Japaner tun. Der Pizzaservice bringt dann naturidentisches Essen, Füße und Darm bilden sich zurück, das Hirn dehnt sich aus. Hirnströme vernetzen sich mit virtuellen Energien, eingepflanzte Sensoren steuern die Empfindungen und Bedürfnisse – ein Universum, das die körperliche Erfahrung immer weniger kennt und bewältigt. Und dann: Stromausfall?

Wenn sich irgendwann einmal alle Menschen hauptsächlich im Netz bewegen, ist es nur noch ein Schritt zur Netzdiktatur, wie sie in China gerade vorbereitet wird. Wer sich die eigene Meinung hauptsächlich durch Netzinformation holt, ist dann eben sehr leicht zu steuern, zu ängstigen, zu manipulieren.

Du kannst froh sein, wenn du noch ein Leben außerhalb des Internets hast und noch Freude hast, wenn einmal kein Strom oder kein Netz zur Verfügung steht, wenn deine sozialen und assozialen Netzwerke im Internet zerschellen.

in die köstliche stille treiben
atemlos unter den sternen
den puls der alten felsen wahrnehmen
das rascheln eines tiers
das fallen eines blatts
irgendwo in der kühlen nacht
aus dem silbrig glitzernden netz der erinnerung
bunte bilder aufsteigen lassen
ferne lichter der autos
fallen wie sternschnuppen in die dunkle nacht

Spielmöglichkeit

Ein Zeichen finden. Was ist ein Zeichen? Etwas, das deine Fantasie beflügelt, das dich in einem Gedankengang zu einer Erkenntnis führt, das Freude in dir auslöst oder die Antwort auf eine Frage sein kann.

Wir können gar nicht genug spielen und spinnen, es regt das Hirn an und führt zu Gedanken und Entscheidungen, die nicht von Anweisungen oder Notwendigkeiten bestimmt sind. Das Spielerische ist es, was im Alltag am meisten fehlt. Wenn wir die Welt wieder verzaubern wollen, gibt es keinen besseren Weg, als närrisch und lustig mit der Wirklichkeit zu spielen – ein Zeichen ist ein gutes Mittel, um die Realität mit anderen Augen zu sehen.

Ein Zeichen kann ein Wort sein, etwas, das du am Boden findest, eine Unterhaltung, die du zufällig mithörst.

Wenn ich mich für etwas entscheiden soll, höre ich besonders aufmerksam den Gesprächen von anderen Leuten zu. Ich warte darauf, ob jemand »Ja« oder »Nein« sagt. Wenn das geschieht, überprüfe ich, ob das für meine Entscheidung stimmt. Natürlich lasse ich mir nicht von anderen Menschen vorschreiben, wie ich mich entscheiden soll, aber meine Gedanken werden klarer. Spielerisch eben!

Inanna im Blau

LUISA FRANCIA ist Schriftstellerin, Künstlerin, Zauberkundige und eine der Begründerinnen der politischen Hexen-Bewegung. Sie hat über 30 Bücher veröffentlicht, von denen einige Bestseller wurden. Sie veranstaltet Seminare und Workshops, unterrichtet Yoga, hält Lesungen und Vorträge, die sich vor allem mit der weiblichen Kraft und mit Magie als Kommunikation, als Weg zu einem tieferen Verständnis spiritueller Energien beschäftigen. Sie reiste viele Jahre durch Afrika und Asien, um traditionelle Heilformen und Magie zu erforschen. Luisa Francia lebt in Alentejo und in Bayern.

www.salamandra.de

Eine Auswahl der Bücher von Luisa Francia bei nymphenburger zum Weiterlesen: »Der magische Alltag«, »Im Körper zu Hause«, »Die Sprache der Traumzeit«, »Eine Göttin für jeden Tag«, »Wer nicht alt werden will, muss vorher sterben«, »Tiere als magische Helferwesen«, »Schutzrituale«, »Die Magie der Steine«, »Frauenkraft, Frauenweisheit«, »Hexenbesen, Zauberkraut«, »Die Schatzhüterin«.

Bildnachweis
24 Illustrationen und 51 Fotos
von Luisa Francia.
Grafische Elemente: shutterstock/nubenamo

Impressum
Umschlaggestaltung von STUDIO LZ, Stuttgart unter Verwendung
einer Farbzeichnung von Luisa Francia.

Mit 51 Farbfotos und 24 Farbzeichnungen

Haftungsausschluss
Alle Angaben in diesem Buch erfolgen nach bestem Wissen und Gewissen. Der Verlag und der Autor übernehmen keinerlei Haftung für Personen-, Sach- oder Vermögensschäden, die aus der Anwendung der vorgestellten Materialien und Methoden entstehen können.

Unser gesamtes Programm finden Sie unter **nymphenburger-verlag.de**.

Gedruckt auf chlorfrei gebleichtem Papier

ISBN 978-3-485-02961-2
Projektleitung: Dr. Stefan Raps und Monika Riedlinger
Redaktion: Dr. Eva Eckstein
Satz und Layout: Grafikdesign Storch/Ulrike Vohla, Rosenheim
Produktion: Angela List und Wolfgang Heinzel
Gesamtherstellung: Print Consult GmbH, München
Printed in The Czech Republic / Imprimé en République Tchèque

Die Deutsche Nationalbibliothek verzeichnet diese Publikation in der Deutschen Nationalbibliografie; detaillierte bibliografische Daten sind im Internet über http://dnb.d-nb.de abrufbar.